V&R

Dienst am Wort

Die Reihe für Gottesdienst und Gemeindearbeit

95
Mit der Gemeinde beten

Vandenhoeck & Ruprecht

Inhalt

Abkürzungen

EG	Evangelisches Gesangbuch
EG-RWL	Evangelisches Gesangbuch, Ausgabe Rheinland / Westfalen / Lippe
EG-HN	Evangelisches Gesangbuch, Ausgabe Hessen-Nassau
EG-NB	Evangelisches Gesangbuch, Ausgabe Niedersachsen / Bremen
EG-BT	Evangelisches Gesangbuch, Ausgabe Bayern / Thüringen
EGb	Evangelisches Gottesdienstbuch
OPT	Ordnung der biblischen Lesungen und Predigttexte im Perikopenbuch / Lektionar nach der Revision von 1978
L	Liturg/in
P	Pastor/in
I, II, III …	Die Gebetsabschnitten vorangestellten römischen Ziffern bezeichnen den/die jeweilige/n Beter/in.

Einführung

Gebetspraxis

In der Sakristei einer alten Kirche bei der Tür zum Altarraum hängt schlicht gerahmt ein kurzes Gebet: „Herr, bewahre mich vor meinen schönen Gebeten".

Die vorliegende Sammlung ist aus der Praxis der Gemeindegottesdienste hervorgegangen und da ist vor Gott auch allerhand Unschönes auszusprechen. Es geht nicht um sprachliche oder theologische Ästhetik, es geht um die Gebetspraxis der Gemeinde. Alle Gebete dieses Bandes sind „echt", das heißt: Sie sind tatsächlich gebetet worden – oft von mehreren Vorbeterinnen und Vorbetern, in verschiedenen Jahren, Situationen und Räumen.

Gebete beleben und bewegen nur dann, wenn sie in ganz natürlicher Weise im Gemeindealltag ihre Wurzeln haben. Deshalb ist in vielen Gebeten immer wieder Raum gelassen für die Eintragung von Konkretionen.

Öffentliches Beten wird glaubwürdig erlebt und mitvollzogen, wenn es als eine Selbstverständlichkeit zur Feier der Gemeinde hinzugehört und auf das tatsächliche Gemeindeleben bezogen ist. Das bedeutet nicht, dass das Zeitgeschehen außer Acht gelassen werden darf, wohl aber, dass es *von der Gemeinde her* in den Blick kommen muss.

Die Eitelkeit Einzelner ist der eine Feind glaubwürdiger Gebete, der andere sind die Routine und die sonntägliche Pflicht. Um es mit Marie-Luise Kaschnitz zu sagen: „Die Sprache, die einmal ausschwang, dich zu loben, zieht sich zusammen, singt nicht mehr in unserem Essigmund" (Tutzinger Gedichtkreis, in: „Psalmen vom Expressionismus bis zur Gegenwart", hg.v. P.K. Kurz, Freiburg 1978, S. 14).

Diese Gebetssammlung ist weder vollständig noch abgeschlossen. Könnte es beides jemals geben, wenn Pfarrerinnen und Pfarrer mit ihren Gemeinden auch im Gottesdienst lebendig feiern und beten?

Dennoch ist dieser Band das Ergebnis eines bereits langen Wachstumsprozesses. Es sind auch Gebete aufgenommen worden, die über die formalen Kriterien für Fürbittgebete im *Evangelischen Gottesdienstbuch* hinausgehen. Insofern beschreitet die Sammlung neue Wege und schafft Raum zur eigenen Weiterarbeit.

Auch für das Beten gelten die Worte von Hermann Hesse: „Wir sollen heiter Raum um Raum durchschreiten, an keinem wie an einer Heimat hängen ... Nur wer bereit zu Aufbruch ist und Reise, mag lähmender Gewohnheit sich entraffen" (aus dem Gedicht „Stufen").

Zentraler Ort der Beteiligung vieler Gemeindeglieder und aller ehrenamtlich Mitarbeitenden am geistlichen Leben der Gemeinde ist der Altar. Die *gemeinsame Fürbitte* stellt eine besonders tief gehende und prägende Form der Beteiligung dar. Sie wird immer in der Spannung bleiben zwischen konkreter Bitte, Lobpreis, Dank, Klage und Flehen vor Gott.

Im Gebet und beim Abendmahl wird der Altar als stille Mitte des geistlichen Lebens einer Gemeinde für viele erfahrbar. Hier ist es die Fürbitte, die in einzigartiger Weise die Kommunikationsform des Kreuzes verkörpert: Sie verbindet die Beteiligten untereinander – horizontal – und mit Gott – vertikal.

In diesem Sinn sind die Gebete dieser Sammlung *Altargebete*. Immer geht es um die Vielfalt des Gebets in und mit der versammelten Gemeinde im Angesicht Gottes.

Die Gemeinde als betende Gemeinschaft

Besonderes Augenmerk ist in dieser Sammlung auf die Gestaltung der *Akklamationen* oder Antworten der Gemeinde gerichtet. Sie sind nicht beliebig, aber manchmal untereinander austauschbar. Einige Antworten werden nicht gesprochen, sondern als kurzer Ruf gesungen.

Dabei kommen auch Lied- oder Kanonanfänge in Frage. Gesänge stellen Bezüge zum Kirchenjahr her, die allen deutlich werden. Bei dieser Art des Betens wird die Gemeinde in vielfältiger Weise beteiligt, ohne vorher üben zu müssen.

Auch die kurze Stille gehört zur Beharrlichkeit des Betens und will wohl überlegt eingesetzt sein.

Lebendiges Beten der Gemeinde beteiligt schließlich auch Menschen, die aus unterschiedlichsten Gründen an einem Gottesdienst nicht teilnehmen können: Wenn die Vaterunser-Glocke zu hören ist, dann mag wohl auch zu Hause so mancher beten, der das Mitbeten im Gottesdienst gewöhnt ist.

Öffentliches Beten

Die vorliegende Sammlung setzt voraus, dass eine Gemeinde gemeinsam mit ihrem Pfarrer oder ihrer Pfarrerin Gottesdienst feiert. Liturginnen und Liturgen, Prädikantinnen und Prädikanten, Lektorinnen und Lektoren, die mit der Gemeinde beten, verdeutlichen den Feier- und Gemeinschaftscharakter des Gottesdienstes. Wer hingegen davon ausgeht, dass ein Hauptamtlicher den Gottesdienst „hält", wer einsam am Altar agieren möchte, wird hier nicht das passende Material finden.

Dem Gebet am Altar kommt in unserer Zeit große Bedeutung zu, denn es ist nicht mehr selbstverständlich eingebettet in das persönliche Beten der Gemeindeglieder „im stillen Kämmerlein". So gewährleistet das Altargebet einerseits, dass manche Gemeindeglieder überhaupt noch beten, andererseits setzt es möglicherweise Impulse für eine neue private Gebetspraxis. Wenn am Altar so gebetet wird, dass Gemeindeglieder sich einbezogen fühlen – sei es rein innerlich, sei es auch äußerlich durch Elemente zum Mitsprechen, durch Zwischengesang oder bewusste Gebetsstille, erwerben sie dadurch Sprachkompetenz für das Beten zu Hause.

Die Vermutung, dass überhaupt nicht mehr gebetet werde, ist allerdings falsch: Bei einer repräsentativen Umfrage gaben 1997 fast alle evangelischen Kirchenmitglieder in Deutschland an, dass sie beteten, die meisten „manchmal", aber immerhin 17% „(fast) täglich" und über 30% „häufig" (in: Fremde Heimat Kirche, 3. EKD-Erhebung über Kirchenmitgliedschaft, S. 409).

Die Studie zeigt zumindest das: Es gibt nach wie vor ein großes Bedürfnis, persönliche Hoffnungen und Ängste, Bitten und Dank vor Gott zu bringen. Das gilt übrigens nicht nur im privaten Bereich: *„Wir bitten dich für die Opfer der Terroranschläge. Halte alle, die Anschläge planen, von ihren schrecklichen Gedanken ab ..."* – Mit diesem Satz aus einem Fürbittengebet begann die Bildunterschrift eines Pressefotos vom ökumenischen Gottesdienst der Schausteller, Gastwirte und Mitarbeiter auf dem Münchner Oktoberfest 2001. Die Terroranschläge in New York und Washington lagen nur zwei Wochen zurück. Ein Anschlag auf das Oktoberfest vor einigen Jahren war allen im Bewusstsein. Da hatte das öffentliche Gebet seinen Sitz im Leben.

Durch das öffentliche Gebet im Gottesdienst wird überdies das Bewusstsein dafür wach gehalten, dass Glaube nicht nur eine Privatsache ist, sondern mit Gemeinschaft, Verantwortung und Solidarität zu tun hat. Das wissen auch heute noch viele Menschen, die nicht oder nur selten zur Kirche gehen. Für Gottesdienstbesucher können die Gebete, die sie hören, ein Impuls sein, um selbst Stellung zu beziehen.

Formen des öffentlichen Gebets

Eine besonders intensive und verbreitete Form des öffentlichen Gebets ist die *Ektenie*. Das Wort „Ektenie" leitet sich von dem griechischen Wort „ekténeia" (dt.: Beharrlichkeit) ab. Zu solcher Beharrlichkeit ruft Jesus im Gleichnis von dem bittenden Freund (Lk 11,5–13) auf. In den Paulusbriefen wird das Wort „beharrlich" mehrfach mit dem Gebet verbunden (z.B. Röm 12,12 ebenso Kol 4,2 und 1 Tim 5,5).

Dabei haben sich in der Geschichte des öffentlichen Betens zwei Grundformen der Ektenie herausgebildet, die im Evangelischen Gottesdienstbuch (EGb, S. 555) auch streng unterschieden werden. In der vorliegenden Sammlung wird die *zweite Form* der Ektenie bevorzugt.

Bei der *ersten Form* wird das Gebetsanliegen als Information formuliert, die mit einem Gebetsaufruf schließt, dem die Gemeinde singend oder sprechend folgt. Damit ist zwar der formale Mitvollzug der Gemeinde gewährleistet, bleibt aber indirekt. Die Rede von Gott klingt sehr distanziert und nur in den Gebetsrufen der Gemeinde wird er unmittelbar angesprochen.

Beispiele für diese Form finden sich im EGb, S. 560–570. Immerhin gehört dazu das altehrwürdige und geradezu klassisch zu nennende Fürbittengebet aus der Chrysostomus-Liturgie: „Lasst uns im Frieden den Herrn anrufen: Um den Frieden Gottes und sein Heil für die Welt …" (nach EGb, S. 569).

Bei der *zweiten Form* der Ektenie werden die Anliegen im Du-Stil formuliert. Sie sind unmittelbar und werden von der Gemeinde durch eine Akklamation wiederum singend oder sprechend aufgenommen. Bei dieser Form wird Gott direkt angesprochen. Das ermöglicht einen lebendigeren sprachlichen wie spirituellen Zugang.

Das öffentliche Gebet lebt nicht von der Form. Neben den Ektenien gibt es in dieser Sammlung Gebete, die sich wegen ihrer meditativen Sprachform nicht in die beschriebene Form einfügen lassen. Da wird das Gebet zu einem abwägenden und nachdenklichen Gespräch vor und mit Gott.

Es ist dankenswert, dass das Evangelische Gottesdienstbuch die beiden Formen der Ektenie an den Anfang stellt, das *Diakonische Gebet* beibehält und auch das Wechselgebet *(Preces)* zu den Formen der Fürbitten hinzufügt. Die früher vorherrschende Form des Gebetsvortrags durch eine einzelne Person ohne Gebetsrufe der Gemeinde *(Prosphonese)* wird nicht mehr an erster Stelle aufgenommen, sondern nachgeordnet, als „Form 4" der Fürbitten (EGb, S. 598).

Der Reichtum des Gebetslebens der Kirche und die Fülle der Möglichkeiten wollen praktiziert werden. Manches Ekteniegebet dieser Sammlung kann auch im Wechsel zwischen zwei Vorbetern bzw. Vorbeterinnen (Preces) gesprochen werden. Diese Art entspricht zwar nicht dem Grundanliegen der Stilform, ist aber sprachlich möglich, wenn etwa bei Gottesdiensten im Krankenhaus oder Altenheim mit Übertragungsanlagen die akklamatorische Einbeziehung der Gemeinde in der gedachten Form nicht praktikabel ist.

Liturgische Kompetenz der Betenden

Das gemeinsame Beten am Altar setzt eine gewisse Schulung der Beterinnen und Beter voraus. Geistliche Phantasie bei der Auswahl und Bearbeitung von Gebeten ist hilfreich und Aktualität der Gebete ist wichtig. Der persönliche Glaube und die unmittelbare Zuwendung der Beterinnen und Beter zu Gott ist Voraussetzung für das öffentliche Beten am Altar. Aber was nutzt das alles, wenn die Teilnehmer nicht alles verstehen können, was gesagt wird, wenn sie das Sprechen der Beter als unecht empfinden oder durch Äußerliches vom Beten abgelenkt werden? Es geht um die Konzentration der Beter und ihren sicheren Umgang mit den Texten, den Lichtverhältnissen, den Mikrophonen und dem Raum. Das alles will ebenso bedacht und geübt werden wie Sprechweise und Bewegung.

Liturgische Kompetenz ist keine angeborene Eigenschaft des Menschen, sie muss erworben werden. Der Zugang zum geistlichen Leben in der Gemeinde, zum Gebet und zum Sakrament des Altars wird oft durch Unarten verstellt, die die Verantwortlichen nicht mehr bemerken.

Neben einer guten Vorbereitung ist das Natürliche in allem das Richtige. Das schließt die Körperbewegung schon beim Gang zum Altar, das Zusammenstehen mehrerer Beter, die Sprache und alles mit ein.

Als Faustregel für das öffentliche, gemeinsame Beten am Altar gilt: *Sprich Dein Gebet langsam, laut und deutlich – ohne Pathos und ohne Gehabe!*

Dazu gehört an erster Stelle die Bereitschaft, sich korrigieren zu lassen, an zweiter Stelle das stetige Üben und an dritter Stelle die Bescheidenheit, die eigene Unzulänglichkeit zu akzeptieren und bis in die älteren Lebensjahre hinein zu korrigieren.

Nur wer sich etwas sagen lässt, hat auch etwas zu sagen, was verstanden wird. Wer sich dieser Disziplin unterwirft, reift zu einer Persönlichkeit, die authentisch und mit liturgischer Kompetenz am Altar mit anderen Menschen gemeinsam beten kann. Pfarrerinnen und Pfarrer sind selbst auf solche Begleitung und Korrekturen angewiesen. Das Natürliche ihrer Sprache, das Ungekünstelte ihrer Bewegungen und das Besondere einer jeden Situation ist auch ihnen nicht angeboren und will immer mit Hilfe von anderen Menschen selbstkritisch erworben werden. Die gemeinsame Schulung der Beteiligten, einschließlich der Pfarrer, im öffentlichen Beten bringt alle weiter. Wie gesagt, die liturgische Kompetenz ist keine angeborene Eigenschaft des Menschen. Sie will erlernt werden.

Über all unseren „schönen Gebeten" steht die Bitte der Jünger:

Herr, lehre uns beten! (Lk 11,1).

Helmstedt, am Sonntag Rogate 2002   *Heinz Fischer, Propst*

A

GEBETE IM KIRCHENJAHR

◼ Am 1. oder einem anderen Sonntag im Advent

Bis zu sechs Beter/innen sprechen dieses Gebet.

AUFFORDERUNG durch eine/n Beter/in

Vor Gott sprechen wir aus, was uns an diesem Sonntag im Advent bewegt. Sprecht nach jedem Absatz gemeinsam mit uns/mir:
Herr, erhöre unser Gebet!

GEBET

Du, unser Gott, willst uns zum Fest führen und Licht schenken in jeder Dunkelheit. Lass uns das Licht für die Welt erblicken in dem Menschenkind Jesus, deinem Sohn. Zeige uns Zeichen der Hoffnung und dein Licht im Alltag dieser Lichterwochen. Deshalb rufen wir alle zu dir:

Herr, erhöre unser Gebet!

Komm als Helfer zu denen, die Not leiden, die Hunger haben an Leib und Seele, die mehr wollen, als vordergründigen Mangel beheben oder den Überfluss und das Oberflächliche dieser Zeit anprangern. Darum rufen wir alle zu dir:

Herr, erhöre unser Gebet!

Wir denken vor dir an Menschen, die sich in dieser Zeit besonders einsam fühlen, sich nicht so recht auf Weihnachten freuen können und dem Fest mit Sorge entgegensehen. Komm du selbst in ihre dunklen Stunden. Darum bitten wir dich:

Herr, erhöre unser Gebet!

Wir denken an alle, die körperlich oder geistig behindert sind und sich in ihrer eigenen Weise auf Weihnachten freuen. Zeige jedem seinen Weg zur Freude an deinem Kind in der Krippe. Lass unsere Türen und Herzen offen stehen für dein Kommen in diesem Jahr. Darum bitten wir dich:

Herr, erhöre unser Gebet!

Wir denken vor dir an die Vielen, die allein sind im Advent: An Einzelkinder und Altgewordene, an Trauernde und Alleinstehende. Wir bitten dich um deine Nähe für alle, die sich nur noch mit ihrem Haustier unterhalten. Lenke ihr Denken zu dir und ihre Wege zu den Menschen. Darum bitten wir dich:

Herr, erhöre unser Gebet!

Wir denken an die Menschen, die uns besonders nahe stehen oder die uns schwer zu tragen geben, und nennen still für uns ihre Namen.

angemessene Zeit der Stille

Hilf jeder und jedem in Not und führe uns heraus. Halte uns verbunden mit dir und untereinander. Darum bitten wir dich, unsern Gott – dir sei Ehre zu aller Zeit!

Die Beter/innen sprechen gemeinsam: Amen.

Wenn das Vaterunser folgt, wird kein Amen gesprochen.

Ein/e Beter/in beginnt nach einer kurzen Stille mit den Worten „Vater unser im Himmel, ... ".

◾ Am 2. oder einem anderen Sonntag im Advent

II Wir sprechen vor Gott aus, was uns heute wichtig ist und bitten Jesus Christus um Beistand und Geleit. Nach jedem Teil der Aussagen und Bitten singen wir gemeinsam den Gebetsruf:

Ma-chet die To-re weit und die Tü-ren in der Welt hoch!

I   In der Adventszeit sind die Straßen und manche Häuser besonders erleuchtet. Elektrisches Licht ist bei uns selbstverständlich. In dieser Zeit zünden wir öfter als sonst auch Kerzen an. Auf den Altären brennen Kerzen an jedem Sonntag.

II Herr, Jesus Christus, du bist das Licht der Welt, du bist das lebendige Licht, auch in mir und meinem Leben. Dein Licht kann selbst in dunklen Zeiten jeden Menschen hell erscheinen, hoffen und freundlich sein lassen.

eine kurze Zeit warten, ehe zum Singen aufgefordert wird

I   Darum singen wir:

Machet die Tore weit und die Türen in der Welt hoch.

I   Um uns herum ist es oft sehr laut und manchmal verursachen wir selbst den Lärm. Der Advent ist als schöne, stille Zeit der Besinnung und Vorbereitung gedacht.

II   Herr, du liebst die leisen Töne. Die vertrauten Melodien und die Harmonie der Musik öffnen unsere Seele. Bewahre uns vor Gebrüll und Geschrei und verstopfe unsere Ohren für das geistlose Einerlei der immer und überall wiederholten Gesänge. Lass meinen Mund dich wirklich loben und meine Seele singen mit allen Menschen, die dich lieben, und allen Engeln, die dir dienen.

I   Mit ihnen singen wir:

Machet die Tore weit und die Türen in der Welt hoch.

I   Darum singen wir:

Machet die Tore weit und die Türen in der Welt hoch.

I   Adventskränze und Kerzen können gute Zeichen der Nähe Gottes sein. Wir haben sie täglich vor Augen.

II   Herr Jesus Christus: Wir danken dir für den Advent in diesem Jahr. Lass deine Wahrheit nicht in unserer Geschäftigkeit untergehen. Steh mir nicht fern und lass mich nicht abseits von dir leben. Tritt allen zur Seite, die unvorbereitet und freudlos in die Festtage gehen. Mach uns bereit, dein Geschenk zu empfangen und die große Weihnachtsfreude zu erleben.

I   Darum singen wir:

Machet die Tore weit und die Türen in der Welt hoch.

I   Wir haben so viele Wünsche, für uns selbst, für unsere Familie, für Weihnachten und für die ganze Welt.

II   Herr, ich bitte dich nicht um die Erfüllung all der vielen Wünsche, sondern darum, dass immer mehr Menschen merken: Du selbst bist die Erfüllung und schenkst mir ein erfülltes Leben. Du selbst bist das große Geschenk Gottes an seine Welt und mein Leben ist sein Geschenk an mich.

I   Dafür danken wir und singen:

Machet die Tore weit und die Türen in der Welt hoch.

I   Wir laufen all den kleinen Geschenken nach, den Weihnachtsüberraschungen und den Sonderangeboten. Wir hetzen und machen uns viel Mühe und Sorge.

II   Herr, du sorgst in aller Ruhe für uns und bemühst dich um mich. Lege dein Leben in mich hinein, lass mich wie deine Krippe sein, einfach und schlicht. Lass uns alle getrost und fröhlich auf die Festtage zugehen und den Segen bemerken, den wir in uns tragen.

angemessene Zeit der Stille – keine Aufforderung; Beter/in II beginnt:

Vater unser im Himmel, ...

◼ In einer Christvesper

Dieses Gebet kann auch von zwei Beter/inne/n im Wechsel gesprochen werden.

AUFFORDERUNG durch eine/n Beter/in

Erhebt euch und betet in der Stille mit mir/uns.

GEBET

Jesus, du bist uns seit deiner Geburt so nahe, wie ein Mensch dem anderen nahe ist. Du machst uns große Geschenke außerhalb der Gabentische: Mut schenkst du uns, wenn wir ganz unten sind; Hoffnung schenkst du uns, wenn wir nicht weiter wissen, und Freiheit, wenn wir böse Bindungen lösen können. Dein Geheimnis des Glaubens ist das Geheimnis des Lebens. An diesem Heiligen Abend spüren wir: Du wirkst in unserer Welt, du machst die Dunkelheit hell – in uns und um uns herum. Du ebnest Wege und machst krumme Pfade gerade. Du bewahrst uns vor Abwegen. Dein Licht führt uns vom Irrweg zurück und verkürzt die Umwege des Lebens.

Zu Weihnachten erkennen wir wieder neu deine Sorge um uns und alle Menschen, bei Gefahren, Krankheiten und Unfällen, in Not und im Wahnsinn der Kriege und Bürgerkriege in ... (möglichst konkret benennen).

Erhelle unser Leben, unser Fühlen und Hoffen, durch dein Licht, das in der Finsternis scheint. Schenke unserer Welt Frieden, den Regierungen Einsicht und jedem Einzelnen Rücksicht, ohne die keiner leben und keine junge Generation aufwachsen kann. Lass uns unter deinem Schutz und in deiner Gnade geborgen sein. Um dieses Weihnachtsgeschenk bitten wir dich.

Die Beter/innen sprechen gemeinsam: Amen.

Wenn das Vaterunser folgt, wird kein Amen gesprochen. Ein/e Beter/in beginnt nach einer kurzen Stille mit den Worten „Vater unser im Himmel, ... ".

■ In der Christnacht

AUFFORDERUNG

I   Im Gebet sprechen wir aus, was uns in dieser Nacht bewegt. Dann beten wir in der Stille für uns, damit Gott auch das erfährt, was uns persönlich bewegt oder unaussprechlich ist. Nach jedem Absatz bitten wir gemeinsam:
Herr, erhöre unser Gebet!

Die Beter/innen wenden sich zum Altar

GEBET

II Herr, unser Gott, wir erleben immer wieder, dass du Tore weit machst und die Türen in der Welt öffnest, dass in dieser heiligen Nacht alte Wunden heilen und sich neue Hoffnung vor uns auftut. Gib uns auch Kraft und Vertrauen zum zweiten Schritt, dass wir uns nicht selbst preisen. Zieh du als König der Ehren in unser Denken und Handeln ein. Darum bitten wir alle:

Herr, erhöre unser Gebet!

III Du bist in unsere Welt gekommen, komm auch zu mir – in meine Welt der Familie, der Festtage – und dann wieder der Arbeit, der Planung und Hoffnung. Setze die Zeichen, die ich brauche, damit ich dir allein vertraue und deinen Auftrag in meinem Leben erkenne. Darum bitte ich mit allen:

Herr, erhöre unser Gebet!

I   Wir gedenken an diesem Fest des Friedens der Opfer von Feindschaft und Hass, Anschlägen und Gewalt, Kriegen und Bürgerkriegen, von Hunger und Elend. Weil dein Reich die ganze Welt umfasst, kann es in deinem Volk keine Fremden und Ausländer geben. Verhilf allen Menschen zu dieser Einsicht. Darum bitten wir:

Herr, erhöre unser Gebet!

II   Führe du, Gott, alle Menschen guten Willens aus Nord und Süd, aus West und Ost zusammen, um den Hunger nach Gerechtigkeit, nach Frieden und Freiheit ebenso zu stillen, wie den bitteren Hunger der Unterernährten und Ausgenutzten. Darum bitten wir:

Herr, erhöre unser Gebet!

III   Du hast dein Kind als Mensch zu den Menschen gesandt. So hast du alles Unvermögen, alle Enttäuschung und alles Leiden mit uns geteilt und am Ende unsere Sache zu deiner gemacht, damit wir Leben haben, Freude und Frieden. Wir haben so viel Grund zur Dankbarkeit und beten in der Stille.

angemessene Zeit der Stille

I   Sei uns in dieser Nacht ganz nahe und lass es bei uns und in uns Weihnachten sein. Nur du kannst uns geben, was wir wirklich brauchen – und niemand kann es uns nehmen!

nach kurzer Pause beginnt Beter/in I ohne Aufforderung:

Vater unser im Himmel, ...

■ In der Christnacht oder am 1. Christtag –

Weihnachtsgeschichte mit Fürbitten

> Dieses Fürbittengebet sollte von zwei Personen gesprochen werden, wobei eine vom Lesepult aus die Verse des Lukasevangeliums lesen kann und eine am Altar die Gebete spricht.
> Hier wird die seltene Sonderform praktiziert, die Fürbitten mit der Lesung im Verkündigungsteil des Gottesdienstes zu verbinden. Im Gebetsteil wird dann nur das Vaterunser gemeinsam gesprochen.

AUFFORDERUNG durch eine/n Beter/in

Wir hören Worte aus der Weihnachtsgeschichte und sprechen Gebete dazu. Hört und betet mit uns!

Im Folgenden werden keinerlei Hinweise auf Bibelverse oder die Tatsache des Betens gegeben. Die Angaben sind nur zur Vorbereitung gedacht.

LESUNG: Lk 2,15

Als die Engel von ihnen gen Himmel fuhren, sprachen die Hirten untereinander: „Lasst uns nun gehen nach Bethlehem und die Geschichte sehen, die da geschehen ist, wie uns der Herr kundgetan hat."

GEBET

I   Herr, unser Gott, wir sind zurückgeblieben auf dieser Erde und haben uns eingerichtet. Wir feiern Weihnachten, aber wir erschrecken nicht mehr und fürchten uns nicht. So leuchtet auch nicht mehr deine Klarheit um uns und wir verstehen deinen Engel nicht mehr. Führe uns auch heute auf deine Felder der Einfachheit und des Verstehens, der Schlichtheit und Klarheit, damit wir die Geschichte sehen, die damals geschehen ist und wahrnehmen, wie sie heute unter uns geschieht.

LESUNG: Lk 2,16

Und sie kamen eilend und fanden beide, Maria und Josef, dazu das Kind in der Krippe liegen.

II Herr, unser Gott, lass uns in der Eile unserer Zeit nicht an deinem Kind vorbeieilen, lass uns dort suchen, wo Menschen heute annehmen, was du von uns forderst. Lass uns dein Kind unter denen finden, die heute kein Bett zum Schlafen und keinen Raum zum Leben haben. Öffne uns die Augen für die dunklen Dinge, die wir bei der hellen Weihnachtsbeleuchtung so leicht übersehen.

LESUNG: Lk 2,17-18

Als sie es aber gesehen hatten, breiteten sie das Wort aus, das zu ihnen von diesem Kinde gesagt war. Und alle, vor die es kam, wunderten sich über das, was ihnen die Hirten gesagt hatten.

GEBET

I Herr unser Gott, du zeigst dich in jeder Generation, verändert freilich, aber immer in menschlicher Gestalt. Wer dich einmal entdeckt hat unter den vielen Menschen, der muss dein Wort weitersagen und deine Wahrheit für alle ausbreiten. Und die Leute werden sich wundern. Lass uns verstehen und annehmen, was die Botschaft der Hirten in unserer Zeit bedeutet.

LESUNG: Lk 2,19

Maria aber behielt alle diese Worte und bewegte sie in ihrem Herzen. Und die Hirten kehrten wieder um, priesen und lobten Gott, für alles, was sie gehört und gesehen hatten, wie denn zu ihnen gesagt war.

GEBET

II Herr unser Gott, unsere Herzen bewegt vieles in dieser Zeit. Lass uns umkehren zu dir und dich preisen für das Geschenk der Weihnacht, für alles, was wir täglich von dir hören und sehen, wie denn zu uns gesagt ist in der Sprache des Herzens, in der Tat der Liebe, in der Botschaft von der Auferstehung. Begleite uns in dieser Zeit, damit wir finden, was wir suchen, dass wir sagen, was wir glauben, dass wir dankbar sind und das Geschenk des Lebens ergreifen, das du uns gemacht hast, durch deinen Sohn Jesus, den Christus. Amen.

◼ An den Christtagen

I   Jesus, du Christus, seit deiner Geburt bist du uns so nahe, wie ein Mensch dem anderen nahe ist.

II   Dein Geheimnis des Glaubens ist das Geheimnis des Lebens und oft des Überlebens und des Weiterlebens nach Tiefpunkten, Enttäuschungen und Schicksalsschlägen.

III   In den Weihnachtstagen wird uns das so bewusst: Du lebst mitten in unserer Welt, du machst die Dunkelheit hell – in uns und um uns herum, du ebnest Wege und machst krumme Pfade gerade. Dein Licht führt uns vom Irrweg zurück.

I   Du bewahrst uns vor Abwegen und verkürzt die Umwege des Lebens. Lass und das erfahren!

II   Zu Weihnachten erkennen wir wieder neu deine Sorge um uns und alle Menschen, bei Krankheiten und Unfällen, deine Nähe in schwerer Zeit.

III   Lass uns auf deine Warnungen hören, damit wir vor Katastrophen bewahrt werden und die Grenzen, die uns gesetzt sind, beachten.

I Wir feiern deine Geburt und du mit uns das Fest des Friedens.

Raub und Mord, Krieg und Bürgerkrieg, Verantwortungslosigkeit und Leichtsinn gehen immer wieder von Menschen aus. Bewahre uns davor.

II Lass diese Tage von deinem Licht erhellt und von deinem Frieden durchdrungen sein, auch wenn so viel dir entgegensteht und uns Sorge bereitet.

III Schenke uns und unserer Welt den Frieden, den Regierungen nicht einfach machen könne, aber ohne den keiner leben und nichts gedeihen kann.

I Lass uns leben in deiner Gnade und auf das Ziel zugehen, das du uns und unserer Welt gesetzt hast.

II Um dieses Weihnachtsgeschenk bitten wir dich und vertrauen uns dir an. Schenke uns die Weihnachtsfreude, die von dir kommt und die uns keiner nehmen kann!

III Wir beten in der Stille.

stille Zeit – Beter/in III setzt einfach ein:

Vater unser im Himmel, …

27

Weihnachtstage und Sonntage nach Weihnachten

Gebet für einen oder zwei, aber auch bis zu sechs Beter/innen.

AUFFORDERUNG durch eine/n Beter/in

Sprecht nach jedem Abschnitt des Gebetes mit uns/mir:
Wir loben und preisen deine Größe und Güte!

GEBET

Als Kind unter Kindern, als Mensch unter Menschen, als Bruder deiner Geschwister, als Geschenk Gottes für alle, die dir vertrauen, bist du, Jesus Christus, in unsere Welt gekommen.

Wir loben und preisen deine Größe und Güte!

Du bist geboren, um die Gewissenhaften und die Demütigen, um die Bescheidenen und die Verständnisvollen um dich zu sammeln. Lass uns zu dir gehören und als deine Geschwister und Nachfolger zuversichtlich und fröhlich leben.

Wir loben und preisen deine Größe und Güte!

Du willst uns mit dem großen Fest große Freude schenken. Lass dieses Geschenk sich entfalten. Du willst mit uns teilen und lässt uns im Teilen und Abgeben reicher werden. Wir erleben große Freude, wenn alle etwas haben und dein Brot für die Welt reicht.

Wir loben und preisen deine Größe und Güte!

Du lässt in Zeiten des Wohlstandes innere Armut deutlicher hervortreten. Du lässt uns die inneren Gräben und Grenzen wahrnehmen, wenn die äußeren abgebaut und unwichtig werden. Führe uns vom Irrtum zur Wahrheit. Du gibst uns die Kraft, den Gewalttätigen mutig entgegenzutreten.

Wir loben und preisen deine Größe und Güte!

Du machst uns zu Werkzeugen deines Friedens. Heile du die schlimmen Erinnerungen und Ängste der Opfer so vieler Verbrechen und die Wunden der immer neuen Kriege und Bürgerkriege. Erlöse alle Verfolgten und Unterdrückten aus ihrer Not und lass uns an deinem Werk mitarbeiten.

Wir loben und preisen deine Größe und Güte!

Lass uns in diesen Tagen deine Nähe spüren und die Lebenskraft, die uns keiner nehmen kann. Tröste die Traurigen, ermutige die Mutlosen und stärke die Fröhlichen, damit alle Menschen zu der Weihnachtsfreude finden, die du im Verborgenen für uns bereitet hast.

Möglichkeiten des Gebetsschlusses:

Dir sei Lob, Preis und Dank in Ewigkeit.
(Die Beter/innen sprechen gemeinsam:) Amen.

oder:

Mit deinen Worten beten wir gemeinsam zu Gott:

Vater unser im Himmel, ...

■ Silvester-Kyrie

Gebet zweier Beter/innen im Teil A (Eröffnung und Anrufung) des Gottes-
dienstes oder als Fürbitte.
Wenn das Glorialied folgen soll, wird nach dem letzten Abschnitt kein
Kyrie gesungen. Die Orgel spielt leise einige Takte der Melodie des Gloria-
liedes voraus und alle singen dann: „Allein Gott in der Höh sei Ehr und
Dank für seine Gnade ..." (EG 179,1-4).
Wenn das Gebet als Fürbitte gebraucht wird, kann abschließend noch ein-
mal der Kyriegesang gesungen werden. Daran schließen ohne Ansagen das
Vaterunser oder die Abendmahls-, Eucharistiefeier an.

HINFÜHRUNG

I   Die letzte Seite des Jahrbuches 20... wird nun geschlossen. Wir legen
    zurück in Gottes Hände, was er uns mit diesem Jahr gegeben hat,
    denken über das vergangene Jahr nach und singen ein Kyrienach
    jedem Gedankengang. Wir hören das Kyrie und stimmen dann ein.

Der orthodoxe Kyriegesang nach dem EG 178,9 wird jetzt ohne Ansage von einem
Singkreis oder dem Kantor angesungen und von der Gemeinde bei der Wiederho-
lung von selbst übernommen.

KYRIEGESANG

GEBET

II Du, Gott, Vater der Ewigkeit, Schöpfer der Zeit! Wir blicken zurück
    auf unsere persönliche Entwicklung, nehmen wahr, wo wir reifer
    und weiser, aber auch ärmer und ängstlicher geworden sind. Vor dir
    gestehen wir uns ein, welche guten Vorsätze des Vorjahres folgenlos
    geblieben sind und was aus dem Ruder gelaufen ist. Wir leben von
    deinem Erbarmen.

I   Wir blicken voraus, nehmen unsere Grenzen wahr und wissen, dass
    unsere Hoffnungen und Erwartungen Erfüllung finden durch dich,
    wenn sie nach deinem Willen sind. Alles, was auf uns zu kommt,
    vertrauen wir dir an. Nimm uns in deine Obhut.

KYRIEGESANG

GEBET

II Wir blicken auf das Zusammenleben in unserer Stadt/unserem Dorf,
    in Deutschland und unter den Völkern der Welt. Wir sind dankbar
    für alle Menschen, die das öffentliche Leben so gestaltet haben, dass
    Gemeinschaft gelungen und das Miteinander zum Segen geworden
    ist. Lass immer mehr Menschen deinen guten Willen für unser Leben
    erkennen und selbstlos und spontan danach handeln.

I   Wir sind dankbar für ein offenes Europa und die frei zugänglichen
    Teile der Welt. Wir beklagen das lange Leiden so vieler Menschen
    unter dem Starrsinn der Diktaturen und die unzähligen Opfer von
    Gewalt und Wahnwitz bis in die letzten Tage.

KYRIEGESANG

GEBET

II Wir hoffen auf eine Welt ohne den Missbrauch von Macht und
    staatlicher Gewalt, ohne Willkür und ohne Ausbeutung von Mensch
    und Natur. Wir gedenken der Opfer von Verbrechen und Leichtsinn
    im ausgehenden Jahr. Hilf uns Lebensbedingungen zu schaffen, die
    weiterführen und sich auch vor dir, Herr, nicht verbergen müssen.

I   Bewahre uns vor dem Rausch des Haben-Wollens und vor dem
    Leichtsinn der Hemmungslosigkeit, vor der Lawine der „kleinen
    Freuden" des Wohlstandes, damit wir das Wesentliche nicht aus den
    Augen verlieren und immer wieder neu lernen, dich zu preisen. Dir
    sei Dank und Ehre!

KYRIEGESANG

Epiphanias

I Wir wenden uns zu Gott und sprechen nach jedem Abschnitt des Gebetes:
Herr, erhöre unser Gebet!

oder:

   ... und singen die ersten vier Takte (die 1. Zeile) des Kanons: *Sende dein Licht und deine Wahrheit* (EG 172). Am Schluss singen wir den ganzen Kanon.

GEBET

II Herr, du großer, guter Gott, du hast den Weisen den Weg gewiesen. Um deine Weisheit des Lebens bitten wir dich heute. Lass uns prüfen wie die Weisen, ohne zu misstrauen, lass uns abwägen ohne zu urteilen und Ausschau halten nach den Zeichen deiner Nähe in unseren Tagen. Darum rufen wir zu dir:

   Herr, erhöre unser Gebet!

oder:

   Sende dein Licht und deine Wahrheit

I Lass uns im Alter aus der Weisheit leben, die das Wesentliche und nicht allein das Vertraute sucht, die uns Neues wahrnehmen und dem Laben auf der Spur bleiben lässt. Darum rufen wir zu dir:

   Herr, erhöre unser Gebet!

oder:

   Sende dein Licht und deine Wahrheit

II Lass uns die Ratlosigkeit der Mächtigen ertragen, wie die Weisen, und die Fragwürdigkeit der Machtmenschen durchschauen. Lass uns immer wieder nachfragen und auf Antwort warten, die weiterführt. Gib uns den Mut, andere Wege zu gehen, wenn wir deine Warnungen wahrnehmen. Darum rufen wir zu dir:

Herr, erhöre unser Gebet!

oder:

Sende dein Licht und deine Wahrheit

I   Gib uns die Kraft, immer wieder neu aufzubrechen – nach Krankheiten und aus der Trauer heraus. Lass uns nach oben schauen, gute Gedanken denken und auch den Weg erkennen, den du uns führst. Lass unsere Füße sichere Schritte tun. Darum bitten wir dich:

Herr, erhöre unser Gebet!

oder:

Sende dein Licht und deine Wahrheit

II   Lass uns mit Zuversicht leben, wie die Weisen, und anderen begegnen, Pläne machen und ein fröhliches Herz bewahren. Führe uns zusammen aus der Verschiedenheit der Biografien (oder: Erfahrungen) und Konfessionen zu einem Glauben und nach deinem Willen auch zu der einen Kirche, auf die wir hoffen. Darum bitten wir dich:

Herr, erhöre unser Gebet!

oder:

Sende dein Licht und deine Wahrheit

I   Du großer, guter Gott trägst uns durch das Leben. Du bewahrst uns über alles menschliche Sorgen und Verstehen hinaus und führst uns durch deinen Stern, wie du einst die Weisen geleitet hast. Dir sei Ehre, Dank und Ehrfurcht, heute und zu allen Zeiten unseres Lebens.

Amen (gemeinsam gesprochen, wenn kein Vaterunser folgt)

oder:

Sende dein Licht und deine Wahrheit

■ Epiphaniaszeit

I   Gott, du unser Trost und unsere Hoffnung, du Quelle unserer Energie, du hast uns Jesus als den Christus, den Sohn der Zimmermannsfamilie aus Nazareth als den erhofften Gesalbten ausgewiesen.

II Jesu Sicht des Lebens öffnet uns die Augen, die Klarheit seines Denkens gibt uns klare Gedanken, seine Hingabe und Ausdauer verhilft uns zu dauerhaften Lösungen unserer Probleme. Wir danken dir und singen:

Jesus ist kommen, Grund ewiger Freude, A und O, Anfang und Ende steht da.

I   Gott, wir denken an die Menschen, die etwas leisten und nicht klagen wollen, die stark sein können, die Auseinandersetzungen und Neues wagen. Lass gelingen, was nach deinem Willen geschieht.

II Wir denken an alle, die Verantwortung übernommen haben für Kinder und Alte, in Vereinen und Verbänden, für Hilflose und Benachteiligte, in Stadt, Land und Bund, in der Öffentlichkeit und im Hintergrund. Wir danken dir und singen:

Jesus ist kommen, Grund ewiger Freude, A und O, Anfang und Ende steht da.

I   Du stehst in Christus allen bei, die Hilfe brauchen, du gibst den Mutlosen Kraft, Zögernden Zuversicht und den Erschöpften Energie. Du lässt keinen allein, der deine Nähe sucht und braucht.

II   Wir gehen auf verschiedenen Wegen zu dem einen Ziel. Wir leben mit unterschiedlichen Erfahrungen und schöpfen doch aus einer Quelle. Wir haben verschiedene Ideen und werden doch von einem Geist geleitet. Wir danken dir und singen:

Jesus ist kommen, Grund ewiger Freude, A und O, Anfang und Ende steht da.

I   Wir lösen die großen Problem der Welt nicht und scheitern oft schon an den kleinen und persönlichen, wenn deine Phantasie uns nicht beflügelt und dein Geist uns nicht trägt.

II   Du sorgst für jeden Einzelnen von uns. Du rettest und erhältst uns, denn deine Vorsorge geht über unseren Weitblick weit hinaus. Du gehst mit uns den Wegen des Lebens, an allen Orten und wo immer wir sind. Wir danken dir und singen:

Jesus ist kommen, Grund ewiger Freude, A und O, Anfang und Ende steht da.

I   Gott, lass uns in deiner Hand geborgen sein, hilf jedem auf seinem Weg, begleite, schütze und leite uns.

Die Beter/innen sprechen gemeinsam: Amen.

Wenn kein Vaterunser anschließt, kann die Gemeinde nach dem Amen EG 66,1 und 8 singen.

◼ Letzter Sonntag nach Epiphanias

Bis zu sechs Beter/innen können dieses Gebet sprechen. Ein Thema des Gebetes ist die eigene Gemeinde, der Kirchenvorstand, die Mitarbeiter (ggf. nach einer Einführung) und die Widmung von Gegenständen und Räumen.

AUFFORDERUNG   durch eine/n Beter/in

Betet und sprecht mit mir/uns nach jedem Abschnitt:
Herr, erhöre unser Gebet!

GEBET

Wie Kinder zu Vater und Mutter, so kommen wir, Gott, zu dir. Wir kommen mit allem, was uns ängstigt und freut. Wir kommen zu dir mit den Menschen, denen wir verbunden sind, und bitten um deine Klarheit und Hilfe. Wir rufen zu dir:

Herr, erhöre unser Gebet!

Wir bitten dich heute besonders für ... (Namen der eigenen Gemeinde einfügen) und danken dir, dass wir miteinander auf dem Weg sind. (Ereignis benennen, z.B.:) Wir können heute ... wieder in Gebrauch nehmen und sind dankbar dafür. Wir hören dein Wort und deine Weisung, wir erfahren in unserer Gemeinde deine Gegenwart und deinen Schutz. Halte deine Hände über uns. Darum bitten wir dich:

Herr, erhöre unser Gebet!

Gib deinem Wort Kraft in dieser Zeit! Lass gelingen, was nach deinem Willen ist. Führe uns zueinander mit den verschiedenen Erfahrungen des Lebens, mit den unterschiedlichen Überzeugungen und Möglichkeiten. Bewahre uns vor Einsamkeit, Rechthaberei und Verbitterung. Lass uns immer wieder aufbrechen und einander suchen. Darum rufen wir zu dir:

Herr, erhöre unser Gebet!

Wir denken an die vielen unter uns, die sich einsam und verlassen fühlen, die keinen Kontakt zur Gemeinde mehr haben und denen es keiner recht machen kann. Lass fröhlichen Mut, Zuversicht und Gelassenheit ausgehen von deinem Wort und Sakrament. Nimm uns in deinen Dienst. Wir rufen zu dir:

Herr, erhöre unser Gebet!

Wenn es etwas Aktuelles gab (Nachrücker im Kirchenvorstand/Vakanz/Einführung eines Mitarbeiters):

Wir danken dir für den Mut, der im Kirchenvorstand gewachsen ist und das Vertrauen, das uns in unserer Gemeinde trägt. Lass ... (die neuen Kirchenvorsteher/Mitarbeiter namentlich nennen) in diese gute Gemeinschaft hineinwachsen und gib uns Freude an der gemeinsamen Arbeit. Darum bitten wir dich:

Herr, erhöre unser Gebet!

Lass uns die Not in der weiten Welt, in den Krisen- und Kriegsgebieten nicht vergessen. Bewahre uns vor Unrecht, Gewalt und Verbrechen und lass uns mit deiner Hilfe ertragen, was wir nicht ändern können. Hilf jedem in seiner Not. – Stärke unseren Glauben, schenke uns Hoffnung und Zuversicht, denn du allein weißt, was wir wirklich brauchen und was gut ist für uns, für unsere Gemeinde und für deine Welt.

Die Beter/innen sprechen gemeinsam: Amen.

Wenn das Vaterunser folgt, wird kein Amen gesprochen. Ein/e Beter/in beginnt nach einer kurzen Stille mit den Worten „Vater unser im Himmel, ... ".

◾ Dritter Sonntag vor der Passionszeit – Septuagesimae

Es kann als Wechselgebet von zwei Personen gesprochen, aber auch für Gemeindeantworten bearbeitet werden.

AUFFORDERUNG durch eine/n Beter/in

Betet mit uns/mir!

GEBET

Gott, du guter Vater des Lebens, durchdringe uns und lass uns reifen, damit wir weiterkommen auf dem Weg des Lebens hin zu dir.

Du suchst uns und brauchst jeden. Du lässt uns nicht untätig herumstehen, sondern gibst uns eine große Aufgaben in der Welt. Lass uns für diesen Auftrag nicht verloren gehen in den Ansprüchen, in den Enttäuschungen und in den Sorgen des Alltags.

Du stehst uns bei. Lass auch uns an deiner Seite stehen und ohne Eigensinn und Selbstgefälligkeit leben, damit wir an das Ziel kommen, das du jeder und jedem von uns gesteckt hast.

Wir denken an alle, die es schwer haben mit sich und anderen, die verzankt, traurig oder krank sind. Lass uns Brücken bauen und Wege zueinander finden. Du gibst uns, was wir brauchen. Lass uns zufrieden leben und auskommen mit dem, was wir haben.

Du, unser Gott, höre unser Gebet und nimm auch das auf, was unausgesprochen bleibt. Lass wachsen, was nach deinem Willen geschieht und schenke uns den Geist der Erneuerung und des Vertrauens.

Halte deine Hand über die Häuser und Familien unserer Gemeinde. Begleite uns an diesem Sonntag und steh uns auch im Alltag bei und alle Tage des Lebens, damit wir zufrieden und zuversichtlich das tun, was nötig ist.

Darum bitten wir dich durch Jesus Christus, unseren Bruder und Begleiter.

Die Beter/innen sprechen gemeinsam: Amen.

Wenn das Vaterunser folgt, wird kein Amen gesprochen. Ein/e Beter/in beginnt nach einer kurzen Stille mit den Worten „Vater unser im Himmel, … ".

◼ Zweiter Sonntag vor der Passionszeit – Sexagesimae

Wechselgebet zweier Beter/innen zum Evangelium nach Lk 8,4-8.(15)
„Vom Sämann" oder „Vom Wort Gottes".

I   Herr, unser Gott, du gibst uns immer wieder neuen Mut zum Leben, auch wenn so viel misslingt. Was aber nach deinem Willen ist und was du in Gang gesetzt hast, das lässt sich nie und nimmer zertreten, entwurzeln und überwuchern.

II   Lass uns deine hundertfache Frucht in den eigenen Lebensverhältnissen wahrnehmen.
Herr, du stärkst unser Vertrauen in deine Sache, gerade dann, wenn alles in der Welt gegen die Verheißung deines Friedens und deiner Gerechtigkeit spricht. Du hast der Geduld hundertfältige Frucht verheißen und lässt uns mit Freude ernten, was wir in deinem Namen mit Tränen gesät haben.

I   Lass uns aus der Kraft deines Wortes leben. Bewahre uns davor, dass dein Wort auf den langen Wegen der Erziehung und Ausbildung, der Karriere und des Erfolges, auf all den vermeintlichen Wegen „nach oben" zertreten wird.

II   Lass deine Wahrheit nicht wurzellos werden durch unsere erhärteten Erkenntnisse; lass deine Liebe nicht ohne Verankerung bleiben, weil wir oberflächlich sind und steinerne Antworten harter Herzen geben.

I   Du lässt dein Wort unter den Dornen unserer Widerspenstigkeit, unter den vielen Spielarten des Abweisens, des Formalen und des scheinbar Rechten nicht fruchtlos bleiben.

II Wir danken dir für die Früchte deiner Gnade in dieser Zeit. Lindere das Leiden … (möglichst konkrete Namen nennen) und mache dem Unheil … (möglichst konkret benennen) ein rasches Ende. Stärke den Glauben, den Mut und die Zuversicht in uns und allen Menschen.

I   Verändere uns, schaffe uns neu nach deinem Willen, damit wir die Früchte deines Wirkens ernten können und nicht an der fruchtlosen Gier und Gewalt nach den Gesetzen der Welt zugrunde gehen.

Die Beter/innen sprechen gemeinsam: Amen.

Wenn das Vaterunser folgt, wird kein Amen gesprochen. Ein/e Beter/in beginnt nach einer kurzen Stille mit den Worten „Vater unser im Himmel, … ".

◼ Zweiter Sonntag vor der Passionszeit – Sexagesimae

Gebet für zwei Beter/innen zur Epistel: Hebr 4,12-13, Antwort nach Mt 8,8b. Lied: nach dem Gebet, vor einer Eucharistiefeier/dem Hl. Abendmahl: „Herr, dein Wort, die edle Gabe ..." (EG 198).

AUFFORDERUNG

I   Wir beten zu Gott und bitten, dass sein Wort auch bei uns wirksam, einschneidend und entscheidend bleibe. Deshalb bitten wir alle nach jedem Teil des Gebetes:
Sprich nur ein Wort, so wird meine Seele gesund! (nach Mt 8,8b)

GEBET

II   Wir bitten dich, Gott, für alle, die mit uns auf der Suche sind nach Leben und Sinn, dass wir auf deine Spuren stoßen und erkennen, wo du uns brauchst und wie du uns einsetzen kannst. Wir bitten dich:

Sprich nur ein Wort, so wird meine Seele gesund!

I   Glaubwürdig möchten wir dein Wort weitergeben, damit es tröstet und heilt hier in ... (den eigenen Ort nennen) und überall. Dabei stehen wir dir und uns selbst bei allem guten Willen so oft im Wege. Du offenbarst alles. Wir brauchen deine Hilfe und bitten dich:

Sprich nur ein Wort, so wird meine Seele gesund!

II   Wir bitten dich für alles Leben, das unter der Gewalt und dem Leichtsinn von Menschen leidet, für das bedrohte Gleichgewicht in der Natur, für Baum und Tier, für Menschen in Armut und Not, für Flüchtlinge, Verfolgte und Gequälte bitten wir:

Sprich nur ein Wort, so wird meine Seele gesund!

I   Wir bitten dich, Gott, für die Betrübten und Trauernden, für die Gebrechlichen, Kranken und Sterbenden. Für alle, die den Anforderungen des modernen Lebens nicht gewachsen sind, bitten wir:

Sprich nur ein Wort, so wird meine Seele gesund!

II Dir allein gehört unsere Ehrfurcht, denn du hast tote Materie mit Leben erfüllt und uns Menschen mit deinem Geist. Du hast in Jesus bei uns Wohnung genommen und ihn zum Christus gemacht, damit unsere Seelen und deine Welt gesund werden – heute und allezeit. Dir sei Dank in Ewigkeit.

Die Beter/innen sprechen gemeinsam: Amen.

Wenn das Vaterunser folgt, wird kein Amen gesprochen. Ein/e Beter/in beginnt nach einer kurzen Stille mit den Worten „Vater unser im Himmel, ... ".

▪ Sonntag vor der Passionszeit – Estomihi

Dieses Gebet sollte nur von zwei Beter/inne/n gesprochen werden. Es ist wegen seiner meditativen Grundstruktur ganz schlicht zu sprechen. Mk 8,31 (OPT Reihe I) und Lk 10,42 (OPT Reihe III) werden im Gebet genannt.

AUFFORDERUNG   durch eine/n Beter/in

Wir bitten Gott um Gehör und sprechen nach jedem Satz des Gebetes:
Herr, erhöre uns!

GEBET

I   Du unser Gott, unerforschlich und fern, sei bei uns und in uns – unter uns Menschen erfahrbar und nah. Wir bitten dich:

Herr, erhöre uns!

II   Du bist der Eine und zugleich Einzig – das Gegenüber von uns Menschen. Zeige uns in Christus unseren eigenen Anteil am Leben in der Welt. Wir bitten dich:

Herr, erhöre uns!

I   Lass uns auf deinen Sohn sehen und unser Leiden in seinem erkennen. Bewahre uns in der Kraft deiner Liebe zu allen Menschen, auch wenn das immer wieder so schwer fällt. Wir bitten dich:

Herr, erhöre uns!

II   Mögen alle Menschen dich hören und sehen – auch in mir, dass ich den Weg bereite für dich. Ich bitte dich mit allen hier im Raum:

Herr, erhöre uns!

I Wenn ich dich auch niemals sehe, lass mich doch hören und glauben und in der Stille deine verborgene Nähe erfahren. Ich bitte dich mit allen:

Herr, erhöre uns!

II Lass mich dankbar werden für alles, was mir widerfahren ist, damit mein Wesen sich wandle und wende zu dir. Ich bitte dich mit allen:

Herr, erhöre uns!

I Unter dir sind wir geborgen. Alle Lebenskraft und Güte sind von dir. So schöpfen wir Atem und beten in der Stille.

längere stille Zeit

II Im Gebet haben wir das gute Teil erwählt, das soll nicht von uns genommen werden. Du wendest Schaden von unserer Seele und wir schämen uns deiner nicht. Du richtest uns auf und wir gehen deinen Weg des Friedens.

Die Beter/innen sprechen gemeinsam: Amen.

Wenn das Vaterunser folgt, wird kein Amen gesprochen. Ein/e Beter/in beginnt nach einer kurzen Stille mit den Worten „Vater unser im Himmel, ... ".

▦ In der Passionszeit

Dieses Gebet kann von zwei bis drei Beter/inne/n im Wechsel gesprochen werden. (siehe auch: Sonntag Reminiszere, Mt 12,38-42, OPT Reihe III)

<small>AUFFORDERUNG</small>   durch eine/n Beter/in

Wir singen vorweg den Gebetsruf aus Taizé: *O Adoramus te. Domine.* (EG-NB 648; EG-BT 701) Wir singen diese lateinischen Worte jeweils zwei Mal, sie heißen auf Deutsch: „Wir beten dich an, Herr". Der Gesang wird nach zwei Abschnitten des Gebetes wiederholt und am Schluss mehrfach gesungen.

O Adoramus te. Domine.

<small>GEBET</small>

I   Du verborgener Gott, Abstand und Nähe gehören gleichermaßen zu dir. Neige dich zu uns und schenke uns Klarheit in unserer Zeit.

II Du bist in die Niederungen des Lebens herabgestiegen. Göttliches steht nicht vor uns wie eine Diva in schöner Gestalt. Himmlisches Leben herrscht nicht in den oberen Etagen der Geschäftsleitungen, auch nicht bei den Prominenten und den Gewinnern der Glücksspiele.

O Adoramus te. Domine.

I   Anteilseigner haben noch lange keinen Anteil an dir, Wertpapiere sind wertlos nach deinem Kurs, deine Termingeschäfte mit uns richten sich nicht nach dem gregorianischen Kalender und über den Wolken ist die Freiheit doppelt begrenzt durch die Menge der Passagiere und die Enge der Kabinen.

II   Deine Dimensionen bleiben der Messtechnik verborgen und sind von anderer Art und Weite. Deine Länge, Breite und Zeit beschreibt das wandernde Gottesvolk in unseren Tagen durch die Orte des Gebetes und der Stille, durch das Hören auf dein Wort und deine Weisung inmitten der geschäftigen Zentren. Durch deine unmessbare Energie des Lebens und den Mut einzelner Menschen werden deine verborgenen Kräfte unter uns deutlich.

O Adoramus te. Domine.

I   Zeige dich uns und aller Welt immer wieder neu als Quelle der Kraft und als Vater aller Zuwendung. Verwandle uns und offenbare unserer Generation, was drei Tage und drei Nächte in der Weltzeit nach deiner Rechnung bedeuten.

II   Nach all den kleinen Vorstellungen von Größe und Glück, nach allen Zeiten des Leides und aller Enge der Welt, lass uns teilhaben an der Freude und Weite deiner Auferstehung zum Leben. Amen.

Die Gemeinde lässt das Gebet mit dem mehrfach wiederholten Gesang des „O Adoramus te. Domine" ausklingen. Dabei kann einem Crescendo ein Decrescendo und am Ende das Summen der Melodie folgen – eine/r der Beter/innen setzt dann ohne jede Ansage mit dem gemeinsamen „Gebet des Herrn" ein:

Vater unser im Himmel, ...

■ Invokavit

Ein Gebet für einen oder mehrere Beter/innen.

AUFFORDERUNG durch eine/n Beter/in

Wir erheben uns zum Gebet und sprechen nach jedem Abschnitt:
Herr, erhöre unser Gebet!

GEBET

Lasst uns beten zu Gott, unserem Vater, in dessen Hand unser Leben ruht: für alle, die den Versuchungen unserer Zeit widerstehen, dass sie Kräfte entwickeln, die andere stärken. Bewahre uns vor den kreisenden Gedanken, ungeliebt zu sein und zu kurz zu kommen. Damit wir nicht missgünstig auf andere schauen, sondern unsere Antworten bei dir suchen, bitten wir:

Herr, erhöre unser Gebet!

Für alle bitten wir, die sich nach dem Tag des Heils sehnen und Jesus als den Christus und Hohenpriester erkennen. Führe uns weg von uns selbst, dass wir nicht beschämt dastehen angesichts frommer Worte, einer gespaltenen Christenheit und der Lieblosigkeit untereinander. Damit wir glaubwürdig werden, bitten wir:

Herr, erhöre unser Gebet!

Führe uns zu dir, damit wir als dein Volk erkennbar bleiben, stark im Glauben, in der Diakonie und Liebe zu allen Menschen. Du hast die Welt nicht sich selbst, sondern uns überlassen. Damit wir bereit sind zur Verantwortung in der Öffentlichkeit, bitten wir dich:

Herr, erhöre unser Gebet!

Für alle Bekümmerten und Kranken zu Hause und in den Krankenhäusern, für alle, denen es schwer fällt, sich zu trennen von vertrauten Menschen und liebgewordenen Dingen. Dass wir uns in jedem Augenblick unseres Lebens mit dir verbunden wissen und immer in Bewegung bleiben, bitten wir dich:

Herr, erhöre unser Gebet!

Herr, unser Gott, du weißt, wie sehr jeder mit sich selbst zu tun hat und wie allein wir sind mit unseren Wünschen und Sorgen, mit unseren Fragen und Plänen. Mach diesem Alleinsein ein Ende. Öffne durch das Gebet zu dir unsere Herzen und weite unseren Blick. Höre all unsere Bitten und lass uns wahrnehmen, was du für uns tust und wie behütet wir in deiner Obhut leben können.

Die Beter/innen sprechen gemeinsam: **Amen.**

Wenn das Vaterunser folgt, wird kein Amen gesprochen. Ein/e Beter/in beginnt nach einer kurzen Stille mit den Worten „Vater unser im Himmel, ... ".

Okuli

AUFFORDERUNG durch L

Am Sonntag Okuli singen wir als Teil unseres Gebetes den Taizé-Gesang „von den Augen":
Oculi nostri ad Dominum Deum. Oculi nostri ad Dominum nostrum.
Auf Deutsch heißt dieses lateinische Wortspiel: „Unsere Augen (richten wir) zum Herrn, zu Gott, unsere Augen (richten wir) zu unserem Herrn." Der Gesang wird jetzt noch einmal vorgesungen und wir alle singen beim zweiten Mal und dann immer wieder mit:
Oculi nostri ad dominum deum, oculi nostri ad dominum nostrum.

GEBET

I   Lasst uns beten für die Menschen in unserer Nähe und für die Fernen, die du, Gott, genauso kennst, wie uns. Lass Fremde durch dich Freunde werden.

II Wir bitten dich für unsere Verwandten, Freunde und Bekannten, für die Menschen hier in ... (den Namen des eigenen Ortes einsetzen). Schenke uns den Geist der Zuneigung und des Vertrauens in den Familien und der Nachbarschaft.

III Lass uns einander verstehen und annehmen, auch wenn wir unterschiedlicher Meinung sind, damit wir nicht aneinander vorbei leben. Wir richten unsere Augen auf dich.

Oculi nostri ad dominum deum, oculi nostri ad dominum nostrum.

IV Wir bitten dich für unser Volk. Lass uns Wege der Gerechtigkeit suchen und sinnvolle Arbeit für alle finden. Lass uns bescheiden sein, zufrieden werden und dankbar leben. Gib uns auch den Mut, gegen Gewalt und Hass einzuschreiten und Gefahren früh zu erkennen.

V Lass uns abwägen zwischen dem Bewahren und Verändern, wenn wir über die Verhältnisse in unserem Land nachdenken. Lass uns das Notwendige sehen und das Machbare tun. Richte unser Augenmerk auf das, was nach deinem Willen richtig und wichtig ist.

VI Lass uns unruhig und energisch werden, wenn wir auf die inneren Verhältnisse bei uns blicken, auf die Verbände und Parteien, auf die Verwaltungen und Regierungen in Land und Bund. Hilf uns die selbst verschuldeten Krisen zu bewältigen. Wir richten unsere Augen auf dich.

Oculi nostri ad dominum deum, oculi nostri ad dominum nostrum

VII Überwinde in der ganzen Welt die Unbarmherzigkeit durch deine Liebe, unser enges Denken durch deine Weite, unsere Ängste durch deine Nähe.

VIII Du hast deine Augen auf uns gerichtet, damit wir in deinem Licht leben können, zeige uns deine Gerechtigkeit und Wahrheit, den weiten Raum, auf den du unsere Füße stellst.

IX Unter deinem Schutz leben wir, tragen Verantwortung mit deiner Hilfe und suchen deinen Weg des Friedens. Bewahre und stärke uns, wenn wir unsere Augen auf dich richten.

Die Beter/innen sprechen gemeinsam: Amen.

Oculi nostri ad dominum deum, oculi nostri ad dominum nostrum.

Wenn das Vaterunser folgt, beginnt L nach einer kurzen Stille mit den Worten „Vater unser im Himmel, ...".

◼ Am Palmsonntag

I Herr, unser Gott, wir kommen zu dir mit unserem Gebet, weil Jesus Christus uns den einzigen Zugang zu dir geöffnet hat. Er hat uns gezeigt, dass der Weg in deine Herrlichkeit durch das Leiden und Sterben hindurchführt.

II Herr, unser Gott, du hast dich in Jesus Christus verkörpert. Er ist aus freiem Willen und gehorsam den Weg gegangen, den auch wir gehen müssen. Du bist gekommen, um uns frei zu machen von uns selbst, von unserer Mutlosigkeit und unserer Maßlosigkeit. Wir möchten dir folgen und deine Wirksamkeit in unserer Welt deutlich werden lassen, damit alle Menschen auf dich hören.

I Herr, unser Gott, du hast Unerwartetes und Ungewohntes getan, um uns Menschen zu helfen. Du hast dich, wenn nötig, über Eingespieltes und Vorgegebenes hinweggesetzt. Das erwartest du auch von uns. Gib uns die Kraft und die Gelassenheit, die wir brauchen, um kreativ in deiner Welt zu wirken.

II Herr, unser Gott, du hast den Menschen nicht irgend etwas gegeben, sondern dich selbst. Du hast dich verschenkt an uns. Lass uns verhindern, dass Gewinnsucht und Ehrgeiz zum Maßstab aller Dinge werden. Lass Zuwendung, Menschlichkeit, Verständnis und alles, was von die ausgeht, unter uns wachsen.

I   Herr, unser Gott, dein Sohn Jesus Christus hat für die Sünden gelitten, die er nicht begangen hat, sondern wir. Damit hat er uns im Sterben deine große Güte offenbart. Wir bitten dich, befreie unser Denken und Handeln von allem Drang zur Vergeltung, damit wir vergeben, wie du uns täglich vergibst.

II   Herr, unser Gott, der Weg, den du gegangen bist, ist schwer. Aber dein Weg ist unser Auftrag. Lass uns begreifen, wie gut wir es bei dir haben. Dein Geist stärke uns, dass wir dir folgen können und nicht ausweichen, dass wir in dir bleiben und du in uns Raum findest. Wir beten in der Stille.

angemessene Zeit der Stille

I   Wir vertrauen dir und bitten dich, sei bei uns und verlass uns nicht.

Die Beter/innen sprechen gemeinsam: Amen.

Wenn das Vaterunser folgt, wird kein Amen gesprochen. Ein/e Beter/in beginnt nach einer kurzen Stille mit den Worten „Vater unser im Himmel, … ".

Ostersonntag

I Herr, unser Gott, zu Ostern hast du gehandelt und damit unser Denken und Verstehen überfordert. Wir sind der alten Erde verhaftet und können es kaum glauben, dass das nicht alles sein soll. Du hast Jesus auferweckt und wir sollen seine Auferstehung vor den Menschen vertreten und aller Welt zurufen: Der Herr ist auferstanden!

Er ist wahrhaftig auferstanden!

II Wir können das doch selbst kaum glauben, aber du fegst unsere Zweifel hinweg. Du lässt die Lehren der Philosophen nicht gelten, dass die Welt eine Welt zum Tode hin sei. Du erneuerst uns und lässt uns hier und heute rufen: Der Herr ist auferstanden!

Er ist wahrhaftig auferstanden!

I Du öffnest uns – wie sich eine Knospe über Nacht zur Blüte öffnet. Du beschenkst uns mit unverdienter Gnade und neuem Leben. Nicht ängstlich und knauserig – täglich erleben wir deine Fülle, deine Zuwendung, deine Ermutigung. Lass uns das spüren und voll Freude rufen: Der Herr ist auferstanden!

Er ist wahrhaftig auferstanden!

II Du hast uns das Staunen bewahrt und das Empfinden für Echtes. Bewahre uns auch vor dem Sog des Schlechten. Du hast Licht in unsere Welt gebracht und Freude. Bewahre uns vor der Nacht der Eigensucht und Undankbarkeit, vor der trüben Kritik an allem und jedem. Du hast neue Tatsachen geschaffen. Auch wir werden auferstehen, denn der Herr ist auferstanden!

Er ist wahrhaftig auferstanden!

I Lass uns Gefahren richtig einschätzen, dass wir leben bleiben in unserer technischen Welt der Hochgeschwindigkeit und Strahlung, dass wir den Kopf nicht in den Sand stecken, aber auch keinen Sand in das Räderwerk deiner Vorsorge und Versorgung streuen. Auch wir werden auferstehen, denn der Herr ist auferstanden!

Er ist wahrhaftig auferstanden!

II   Wir dürfen von der Kraft der Auferstehung vorwegnehmen. Du mobilisierst unsere kleine Kraft gegen Krankheit und Not, gegen Hunger und Trägheit. Du lässt uns hinschauen und nicht weggucken, wenn Menschen verhöhnt, getreten und verjagt werden. In der entstellten Welt rufen wir: Der Herr ist auferstanden!

Er ist wahrhaftig auferstanden!

Möglichkeiten des Gebetsschlusses:

I   Wir beten in der Stille und dann gemeinsam das Gebet des auferstandenen Herrn.

Vater unser im Himmel, ...

oder:

I   Wir beten in der Stille. Höre alles, was wir dir sagen und nimm uns in deine Obhut.

Die Beter/innen sprechen gemeinsam: Amen.

■ Ostermontag – die Emmausjünger

Fürbittengebet zum Evangelium am Ostermontag Lk 24,13-35. Die ersten vier Worte des Kanons „Herr, bleibe bei uns, denn es will Abend werden und der Tag hat sich geneiget" (EG 483) können einfach als Antwort gesungen oder gesprochen werden. Am Schluss singen alle den ganzen Kanon.

AUFFORDERUNG   durch eine/n Beter/in

Betet mit uns und singt/sprecht nach jedem Teil des Gebetes den Osterruf der Emmausjünger:
Herr, bleibe bei uns!

GEBET

I   Die Nachricht von Ostern ist überwältigend. Gib jedem von uns, dass er sich davon auch überwältigen lässt und aus der Freude der Auferstehung heraus lebt und handelt. Dazu brauchen wir im Alltag deine Hilfe und rufen zu dir:

Herr, bleibe bei uns!

II   Wir erschrecken vor der Gleichgültigkeit und Oberflächlichkeit in unserer Welt und bitten dich, dass Glauben und christliches Leben Raum gewinnen bei uns zu Hause, aber ebenso in der Öffentlichkeit, im wirtschaftlichen, sozialen und kulturellen Geschehen unserer Zeit. Wir bitten dich:

Herr, bleibe bei uns!

I   Wir beten in diesen Ostertagen für alle Völker, dass die Regierenden ihre Macht nicht mißbrauchen und Ungerechtigkeit weniger wird. Lass uns die Grenzen von Hass, Eigensucht und Feindschaft überwinden, wo sonst so viele Grenzen gefallen sind zwischen den Völkern, Rassen und Klassen. Wir bitten dich:

Herr, bleibe bei uns!

II Für unsere Mitmenschen beten wir, die von Krankheit, Not und Unglück heimgesucht sind. Wir denken an unsere Kranken und ihre Angehörigen, an die Opfer der Verkehrsunfälle dieser Tage, an die Hungernden in … und (die zerstrittenen Völker auf dem Balkan). Lass alle Menschen geborgen bleiben in dir und erfahren, dass sie teilhaben an deiner Auferstehung. Darum rufen wir:

Herr, bleibe bei uns!

I Wir bitten auch für uns selbst, dass du Herr, bei uns bleibst und uns hilfst, tröstest und stärkst. Du gibst dich zu erkennen, wenn wir Dank sagen und das Brot brechen. Du öffnest uns Herzen und Hände, damit wir Hilfe weitergeben können. Bewahre uns im Glauben, damit wir nicht vergessen, dass deine Welt eine Welt ist, für die du gestorben und auferstanden bist. Darum rufen wir:

Herr, bleibe bei uns!

II Du, Herr, bringst Frieden. Durch deine Auferstehung hast du uns eine neue Qualität der Verantwortung und eine andere Sicht des Lebens geschenkt. Wir bitten dich: Gib uns allen Kraft und Stärke für unsere Aufgaben in deiner Welt. Du, unser Herr und Bruder, bleibe bei uns. Amen.

Alle singen den ganzen Kanon: „Herr, bleibe bei uns, denn es will Abend werden und der Tag hat sich geneiget" (EG 483).

◼ Sonntage nach Ostern

Betet mit uns und sprecht nach jedem Abschnitt des Gebetes:
Herr, erhöre unser Gebet!

GEBET

I   Du, unser Gott, gehst mit deiner Kirche durch die Zeiten. Wir
     fragen nach deinem Willen und bitten um deine Nähe. Halte deine
     Hand über unsere Gemeinde und alle Gemeinden. Bewahre uns vor
     Einseitigkeit und Eigensinn, dass wir in (Namen der eigenen Gemeinde)
     eine wache Gemeinde und lebendige Zeugen deiner Wahrheit
     bleiben. Darum bitten wir:

     Herr, erhöre unser Gebet!

II   Stärke die Einheit aller Christen in der Vielfalt der Konfessionen
     und lass uns gemeinsam auf das Ziel zugehen, das du uns und
     unserer Welt gesteckt hast. Steh allen bei, die nach deinem Willen
     fragen und deinen Segen suchen für das öffentliche Leben, für die
     Wirtschaft und für die Gemeinschaft der Völker.
     Wir rufen zu dir:

     Herr, erhöre unser Gebet!

I   Lindere das Leid der Kranken, der Einsamen und der Sterbenden.
     Hilf den Trübsinnigen und Verzweifelten und lass unsere Kirche eine
     Gemeinschaft sein, die Menschen ermutigt, tröstet und stärkt. Lass
     uns trotz all des gnadenlosen Umgangs unter den Menschen aus
     deiner Gnade und Vergebung leben. Darum bitten wir dich:

     Herr, erhöre unser Gebet!

II   Wehre den Kriegen und Bürgerkriegen auf der ganzen Welt und lass uns mutig eintreten für den Frieden, die Gerechtigkeit, die äußere und innerer Freiheit der Menschen. Wir bitten dich um die Kraft der Auferstehung angesichts der Opfer von Verbrechen und Gewalt, angesichts aller Bosheit und Selbstgerechtigkeit. Wir rufen zu dir:

Herr, erhöre unser Gebet!

I   Nimm dich unser gnädig an, rette und erhalte uns und deine Welt, verunsichere die Selbstsicheren, lass Glauben wachsen, wo Menschen sich in ihrem Unglauben eingerichtet haben, erschüttere die Unerschütterlichen und führe uns alle an das Ziel, das du jedem in seiner Weise gesetzt hast. Wir schweigen vor dir, du großer guter Gott, und sprechen in der Stille aus, was jeden im Einzelnen bewegt.

längere, angemessene Gebetsstille – Beter/in I beginnt ohne Aufforderung:

Vater unser im Himmel, ...

◼ Sonntag nach Ostern – Kantate

Dieses Gebet ist für drei Beter/innen gedacht und am Sonntag Kantate (in dem Jahr Muttertag) gebetet worden. Es kann auch von zwei Beter/inne/n oder bis zu sieben gebetet und auf das Thema „Kantate" konzentriert werden. Das Amen ist hier einfach der Schluss des Gebetes und muss nicht betont von allen gesprochen werden. Nach dem Amen kann auch die ganze erste Strophe des Liedes EG 243 als Abschluss gesungen werden.

AUFFORDERUNG

I   Betet in der Stille mit uns und antwortet nach jedem Teil des Gebetes mit den ersten Worten des Liedes
Lob Gott getrost mit Singen (EG 243).

GEBET

II Barmherziger Gott und Vater, deine Nähe und Begleitung, deine Fürsorge und Ermutigung erfahren wir lebenslang. Lass uns heute und alle Tage dankbar darauf antworten:

Lob Gott getrost mit Singen.

III Seit Jahrhunderten wird hier mitten in der Stadt dir zum Lob gebetet und gesungen. Du hast uns die … (Namen der eigenen Kirche)-Kirche und viele Kirchen bis heute erhalten, damit deine Ehre ihren Raum in unserer Welt hat und sich das Lob deiner Herrlichkeit entfalten kann.

Lob Gott getrost mit Singen.

I   Hier singen und musizieren wir und setzen eine große Tradition in unseren Tagen fort – dir zur Ehre – zu Ermutigung und zum Trost aller Menschen. Du baust uns auf und formst uns neu nach deinem Bilde. Nimm unsere Seelen in deine Obhut. Führe uns zur inneren Gesundheit, damit wir zufrieden leben und positiv denken.

Lob Gott getrost mit Singen.

II Wir merken, was du, Gott, bei uns von Kindesbeinen an in Gang gesetzt hast. Wir danken dir für alles, was unsere Mütter uns gegeben und zur Entfaltung gebracht haben. Wir antworten mit unseren Gaben und Kräften und lernen aus deinem Vermächtnis frei und fröhlich zu leben.

Lob Gott getrost mit Singen.

III Dank und Lob und Bitte fließen heute ineinander, weil uns der große Auftrag bewusst wird, den du uns gegeben hast: dein Lob zu singen und deine großen Taten zu verkündigen in einer leidenden und gestörten Welt.

Lob Gott getrost mit Singen.

I Wir freuen uns mit allen Völkern über Frieden in Freiheit und beklagen zugleich Kriege, Bürgerkriege und Unterdrückung, Not und Verzweiflung überall auf der Welt (ggf. Konkretionen). Vergib uns Gleichgültigkeit und Schuld. Wandle uns um durch dein Wort, damit unser Lob größer wird als alles Klagen.

Lob Gott getrost mit Singen.

II Im Einzelnen bewegt uns so viel. In der Stille sprechen wir jetzt vor dir aus, was uns heute wichtig ist:

angemessene Zeit der Stille

In allem erkennen wir deine Nähe und deine Begleitung. So wenden wir uns zu dir und singen:

Lob Gott getrost mit Singen.

III Herr, nimm alles, was uns bewegt, in deine Hand, nimm dich der dunklen Dinge an, steh Kranken und Sterbenden bei, tröste uns und lass uns am Ende den Weg zu deiner Herrlichkeit finden, damit wir einstimmen können in den grenzenlosen Jubel der Engel und Anteil haben an deinem ewigen Reich. Das schenke uns, du großer guter Gott. Amen.

Lob Gott getrost mit Singen, frohlock, du christlich Schar! ... (EG 243,1)

▣ Sonntag nach Ostern – Rogate

Dieses Gebet kann nach dem „Kyrie eleison" (EG 178.12, Taizé-Melodie) von zwei Sänger/inne/n gesungen werden, einschließlich des Vaterunser. Auch für eine/n Sänger/in kann es eingerichtet werden.

AUFFORDERUNG   durch eine/n Beter/in

Betet mit uns und singt nach jedem zweiten Abschnitt des Gebetes das „Kyrie eleison" (EG 178.12, nach der Melodie aus Taizé).

I   Lasst uns in einer friedlosen Welt dennoch in Frieden zum Herrn rufen:

Kyrie eleison.

II   Wir erbitten deinen Frieden für alle Menschen. Wir denken vor dir besonders an ... (ggf. konkret benennen). Für alle unterdrückten und gequälten Menschen bitten wir dich:

Kyrie eleison.

I   Wir bitten dich für alle Generationen und denken besonders an die jungen Menschen, die morgen Verantwortung tragen für deine Welt:

Kyrie eleison.

II   Gib allen Eltern die Kraft und den Mut zur Erziehung und Prägung ihrer Kinder. Lass die jüngere Generation die guten Traditionen übernehmen und weiterführen, was sich bewährt hat. Lass sie die Fehler der Älteren nicht wiederholen und nichts verstärken, was uns von dir, Gott, entfernt. Wir bitten dich:

Kyrie eleison.

I   Wir denken an die Vergessenen und Einsamen in jedem Alter und ebenso an die Aktiven im Berufsleben:

Kyrie eleison.

II Wir bitten für die Ratlosen und Ängstlichen, dass sie loskommen von all den kreisenden Gedanken um Dasselbe und Schlaf finden in der Nacht. Wir sind dankbar für alle gesunden und tüchtigen Menschen, für eine florierende Wirtschaft und alle, die daran Anteil haben. Wir sind dankbar, dass dadurch Hilfe und ein soziales Netz möglich werden. Wir danken dir und singen:

Kyrie eleison.

I Lehre uns den richtigen Umgang mit unserem Selbstbewusstsein und unserer Stärke:

Kyrie eleison.

II Für die Mutigen und Fröhlichen bitten wir, dass sie die Lebenslage anderer nicht übersehen und vor Übermut und Oberflächlichkeit bewahrt bleiben, damit von ihnen Mut und Hoffnung auf alle ausstrahlt. Wir bitten dich:

Kyrie eleison.

I Schenke allen Menschen Vertrauen zu dir, Zuversicht, Humor und Lebensmut:

Kyrie eleison.

II Herr, Gott, du hast den Betern deinen Geist verheißen. Lass uns beharrlich beten, Wesentliches erbitten und feinfühlig wahrnehmen, was du uns sagen willst. Wir bitten dich:

Kyrie eleison.

I Wir bitten dich durch Christus, unseren Herrn, der mit dir und dem Heiligen Geist lebt und Leben schafft uns zum Wohl auf dieser Erde.

Amen.

Wenn das Vaterunser anschließt, entfällt der letzte Abschnitt des Gebetes mit dem Amen. Beter/in I beginnt dann nach dem letzten Kyriegesang mit dem „Gebet des Herrn".

◼ Christi Himmelfahrt

Ein Gebet für drei Beter/innen. Ein Gottesdienst im Freien.

AUFFORDERUNG

I   Betet mit uns und sprecht nach jedem Satz:
    Herr, erhöre unser Gebet!

GEBET

II Herr, unser Gott, wir beten zu dir hier unter freiem Himmel und in
    dem freien Geist, der von dir ausgeht, dass er uns in Bewegung
    bringe. Wir bitten dich:

    Herr, erhöre unser Gebet!

II Du hast uns nicht als Sklaven der Erde zurückgelassen, sondern als
    deine Kinder und Jesu Geschwister. Lass das heute wieder deutlich
    werden. Wir bitten dich:

    Herr, erhöre unser Gebet!

III Deine Himmelfahrt zeigt uns eine neue Dimension der Wirklichkeit
    und tröstet uns hier in Raum und Zeit. Stärke uns, baue uns auf,
    dort wo wir sind und leben. Wir bitten dich:

    Herr, erhöre unser Gebet!

I   Du hast unsere Grenzen des Irdischen durchbrochen. Verbinde
    Himmel und Erde, Nord und Süd, Ost und West durch deinen
    Segen. Wir bitten dich:

    Herr, erhöre unser Gebet!

II Lass nun die Gebeugten wieder aufrecht gehen, nimm den Engher-
zigen die Angst vor der Weite. Lass uns alle aufschauen zu Christus,
dem Anfänger und Vollender, dass wir über unseren Horizont hinauskommen. Wir bitten dich:

Herr, erhöre unser Gebet!

III Lass die rückwärts Denkenden aus ihrer Vergangenheit in deine
Zukunft blicken, die Stürmischen bedächtiger werden und die Zerstrittenen das erste Wort der Versöhnung wagen. Wir bitten dich:

Herr, erhöre unser Gebet!

I Himmel und Erde hat dein Sohn zusammengebracht und uns eine
neue Sicht des Lebens gelehrt. Schärfe uns den Blick für alles, was
den Augen verborgen bleibt. Lass uns den Klang deines Geistes
wahrnehmen, den unsere Ohren nicht hören. Wir bitten dich:

Herr, erhöre unser Gebet!

II Ewiger Gott und Vater, dir vertrauen wir uns an. Führe uns in deine
neue Welt, damit wir schon heute die Herrlichkeit ahnen, die wir
durch dich empfangen werden. Wir bitten dich:

Herr, erhöre unser Gebet!

III Lass uns deine Zuwendung wahrnehmen, entfalten und weitergeben
und damit Zugang finden zu deiner Quelle des Lebens, deinem Weg
des Friedens und deinem Geschenk des Segens. Wir beten in der Stille.

Die Beter/innen sprechen gemeinsam: Amen.

Wenn das Vaterunser folgt, wird kein Amen gesprochen. Ein/e Beter/in beginnt nach
einer kurzen Stille mit den Worten „Vater unser im Himmel, ... ".

◨ Pfingsten

Wechselgebet mit einem Liedanfang als Antwortgesang. Am Schluss kann auch die ganze Strophe von EG 136 gesungen werden. Der Gesang kann auch durch Blasen des Liedanfanges von einzelnen Instrumenten ersetzt werden; etwa durch Tuba und Posaune im Wechsel.

AUFFORDERUNG   durch eine/n Beter/in

Wir beten im Wechsel und Sie alle singen nach jedem zweiten Abschnitt: O komm, du Geist der Wahrheit (EG 136, Liedanfang) und am Schluss die vollständige Zeile des Liedes „*O komm, du Geist der Wahrheit und kehre bei uns ein*". Betet mit uns!

GEBET

I   Gott, du schöpferischer Geist, du kraftvoller Geist der Schöpfung, durchdringe uns und unsere Welt mit deiner Wahrheit.

II   Erneuere und präge unser Denken, damit wir nicht aufhören vom Leben zu träumen, wie du dir Leben gedacht und für das du uns gemacht hast.

O komm, du Geist der Wahrheit.

I   Öffne und bewege uns, damit wir über das hinauskommen, was wir bisher erkannt und gedacht haben. Bewahre unseren Geist vor unbemerktem Stillstand und aller Selbstgefälligkeit.

II   Entfache das Wehen deines Geistes zu einem Sturm, der hinwegfegt, was unecht, überflüssig und belastend ist.

O komm, du Geist der Wahrheit.

I   Gib neue Impulse und halte deine alte Kirche jung. Lass uns nach dem Fragwürdigen auch wirklich fragen und das Bedenkenswerte ehrlich bedenken.

II   Bringe uns dazu, dass wir als die Kinder eines Vaters auch wie Geschwister leben und zu deiner Freiheit finden, die uns füreinander wirklich frei macht.
O komm, du Geist der Wahrheit.

I   Lass keinen ungestraft die Früchte deines Geistes zertreten und Frieden, Liebe, Mut und Wahrheit verachten. Fahre du selbst dazwischen und bringe unsere Welt zurecht, wenn Menschen das Zusammenleben vergiften und in … (möglichst konkret benennen) die Hölle auf Erden errichten.

II   Setze überall Zeichen deiner Gegenwart, stärke und erhalte uns in deiner Wahrheit. Entzünde unser Denken und Handeln durch die Flamme deines Heiligen Geistes jetzt und bis an das Ende unseres Lebens. Kehre bei uns ein. Amen.

O komm, du Geist der Wahrheit, und kehre bei uns ein.

◼ Trinitatis

Dieses Gebet ist als Wechselgebet für zwei Beter/innen geschrieben zum Trinitatisfest und zum aaronitischen Segen Num 6,22-27 (V. Reihe der OPT). Namen von Verstorbenen werden im 4. Absatz eingetragen, wenn vorher bei den Bekanntmachungen ihrer gedacht worden ist.

AUFFORDERUNG   durch eine/n Beter/in

I   Betet mit uns!

GEBET

II   Herr, du alles umfassender Gott, unser Leben pendelt sich unbemerkt zwischen Gegensätzen ein, auch zwischen Segen und Fluch. Vor dir erkennen wir, dass wir beides selbst verstärken. Bring du unser Leben zurecht, damit der Segen sich immer mehr entfalten und ausbreiten kann.

I   Herr, durch deinen Segen sind wir behütet und geborgen. Lass dein Angesicht leuchten über uns und unserem Leben, dass wir deine Kraft aufnehmen und unser Angesicht etwas widerstrahlt von der Herrlichkeit, die du uns verheißen hast.

II   Fahre mit deinem Segen hinein in unsere dunklen Stunden, die Zeiten der Schmerzen und des Grübelns. Wecke Hoffnung und Mut, wenn wir niedergeschlagen sind. Richte uns immer wieder auf durch deinen Segen.

I   Wenn unser Lebensweg zurückführt zu dir, dann segne du, was wir auf dieser Erde nach deinem Willen hinterlassen. Schenke unseren Verstorbenen ... (Namen nennen) Ewiges Leben und Seligkeit nach deiner Verheißung.

II   Nimm unser Leben in deine Obhut. Lass den Samen deines Segens keimen, den du in jeden von uns hineingelegt hast, damit wir dankbar und fröhlich dich preisen und unser Lebensmut den Fluch von Bosheit und Neid, von Hass und Streit überwindet.

I   Herr, halte deine Hände über uns, dass wir in dem Frieden leben, der von dir kommt und höher ist als unsere Vernunft. Bewahre uns die guten Kräfte des Glaubens, der Demut und der Zuversicht. Lass deinen Segen mit uns durch das Leben gehen.

II Befreie uns aus allen Bindungen, die einengen, zu der herrlichen Freiheit der Kinder Gottes, die deinen Segen weitergeben im Alltag der Arbeit, der Familie, der Freizeit und bei aller ehrenamtlichen Tätigkeit.

I   Halte den Fluch von uns fern, den wir auf uns ziehen, wenn wir uns gegen deinen Willen stellen. Durchdringe uns immer wieder neu mit der Kraft deines Segens, damit wir weitergeben können, was wir empfangen haben, und dein Segen sich entfalten kann in unserem Leben.

Wenn kein Vaterunser folgt, sprechen die Beter/innen gemeinsam: Amen.

■ 3. Sonntag nach Trinitatis

Gebet für bis zu zwei Beter/innen im Blick auf den Sonntagspsalm 103,1-5.8-13 (z.B. EG-NB 742). Evangelium nach Lk 15 „Vom verlorenen Schaf/Groschen"; V.7: „Freude im Himmel über einen Sünder, der Buße getan hat ... ".

AUFFORDERUNG   durch eine/n Beter/in

Betet mit mir/uns und sprecht nach jedem Satz des Gebetes:
Herr, erhöre unser Gebet.

GEBET

Zu dir, unserem Gott, beten wir, weil du uns zu dir ziehst aus lauter Güte, weil dein Herz größer ist als unser Verstand es fassen kann. Wir rufen dich an:
Herr, erhöre unser Gebet.

Wir beten zu dir, weil wir unser Leben in deine Hände legen dürfen und deine Barmherzigkeit größer ist als die Summe all unserer Fehler. Wir beten zu dir:
Herr, erhöre unser Gebet.

Wir warten auf das, was von dir kommt, du, unser Gott, damit wir uns nicht an das klammern, was wir selbst geleistet haben. Wir beten zu dir:
Herr, erhöre unser Gebet.

Wende dich zu uns und unsere Herzen zu dir, damit wir dich erkennen als den, der vergibt, heilt und vollendet. Unsere Schwächen und Gebrechen, Fehler und Schuld schließe ein in deine Barmherzigkeit. Wir beten zu dir:
Herr, erhöre unser Gebet.

Begleite mit deinem Segen die Familien mit ihren Kindern, die Paare, die eine christliche Ehe führen möchten, und die Angehörigen, die Trost suchen. Wir beten zu dir:

Herr, erhöre unser Gebet.

Bring in uns allen zur Vollendung, was du mit der Taufe in Gang gesetzt hast. Laß alle Menschen wahrnehmen, was du ihnen Gutes getan hast, damit sich der Segen entfalten kann, den du in jeden von uns gelegt hast. Wir beten zu dir:

Herr, erhöre unser Gebet.

Herr, wir loben und preisen dich. Wir hoffen und vertrauen auf dich. Wir öffnen uns und wenden unsere Seele zu dir, weil du uns nicht vergessen und unser Leben in deine Hand genommen hast. Wir danken dir!

Die Beter/innen sprechen gemeinsam: Amen.

Wenn das Vaterunser folgt, wird kein Amen gesprochen. Ein/e Beter/in beginnt nach einer kurzen Stille mit den Worten „Vater unser im Himmel, ... ".

◼ 4. Sonntag nach Trinitatis

Ein meditatives Gebet zum Thema „Richtet nicht" und zu einer Predigt über Lk 6,36-42, „Gleichnis vom Splitter und dem Balken" (OPT Reihe I). Die Gemeinde betet nach jedem Abschnitt in der Stille.

AUFFORDERUNG   durch eine/n Beter/in

Betet mit mir/uns. Wir schweigen nach jedem Abschnitt und beten in der Stille.

GEBET

Christus, du unser Retter und Richter, verweist Völker und Einzelne auf sich selbst und stellst uns vor Augen, was wir mit unserem Wesen anderen zumuten, damit wir auch mit unsympathischen Mitmenchen leben können.

Stille

Du offenbarst uns die eigene Eitelkeit und heimlichen Träume von Macht und Größe, damit wir mit den ausgelebten Eitelkeiten der Eitlen und der Macht der Mächtigen überhaupt umgehen können.

Stille

Du stellst uns die eigenen Schwierigkeiten, unsere Befangenheit und Blindheit vor Augen, damit wir geduldig mit den Befangenen, Verblendeten und Schwierigen unseren Weg finden.

Stille

Die tiefere Einsicht, die bessere Absicht und die größere Umsicht billigen wir uns selbst zu. Du, Herr, zeigst uns, wie unbillig das ist, damit wir lernen, auch anderen gerecht zu werden.

Stille

Du hast uns mit der Taufe auf dein Maß geeicht, dass auch wir mit dem vollen, dichten Maß der überfließenden Liebe messen.

Stille

Du richtest unser Augenmerk auf die Fallgruben des Lebens, damit wir deine Jünger bleiben und nicht als selbst ernannte Meister dir entgleiten, damit wir nicht als vermeintliche Führer mit den Verführten in die Grube fallen.

Stille

Herr, nimm uns in deine Obhut! Geh mit uns durch die Zeiten! Öffne uns zu jeder Zeit die Augen und Herzen, damit wir als Einzelne und als Kirche deinen Maßstab verkörpern und Glieder bleiben an deinem unsichtbaren Leib in einer allzu sichtbaren Welt. Das schenke uns in aller Stille und Klarheit.

Die Beter/innen sprechen gemeinsam: Amen.

■ 6. Sonntag nach Trinitatis

Dieses Gebet zum „Taufsonntag" ist für zwei Beter/innen geschrieben. Die Gemeinde singt die ersten sechs Worte des Liedes EG 200. Sie kann am Schluss die 1. Strophe des Liedes singen, wenn kein Vaterunser folgt.

AUFFORDERUNG   durch eine/n Beter/in

I   Betet mit uns und singt nach jedem Abschnitt des Gebetes:
Ich bin getauft auf deinen Namen.

GEBET

II   Herr, wir bitten dich für unsere große, weite Welt in diesen schönen Sommertagen, für die junge Generation aller Völker und für wahre Verständigung unter den Menschen in der Spannbreite zwischen ... und den Ereignissen in ... Zu deinem Frieden lass mich beitragen und mir bewusst werden:

Ich bin getauft auf deinen Namen.

I   Vernimm unser Schreien für Frieden in allen Erdteilen und für Gerechtigkeit unter den Menschen und Völkern. Gib uns die Kraft, ernsthaftes Engagement zu verstehen und mitzutragen und aller Gewalt und Anarchie zu wehren. Erinnere Millionen an ihre Taufe und lass sie mit uns singen:

Ich bin getauft auf deinen Namen.

II   Lass immer mehr Menschen deine Kraft aus Wasser und Geist neu erleben und die Oberflächlichkeit unserer Spaßgesellschaft durchschauen. Lass unsere Taufbecken zu Quellen des lebendigen Lebens und der steten Erneuerung unserer selbst werden. Lass das Taufwasser in uns allen lebendig sprudeln und mache uns die Tatsache der eigenen Taufe täglich bewusst. Deshalb singen wir mit allen, die dir vertrauen:

Ich bin getauft auf deinen Namen.

I   Wir vertrauen dir die Menschen an, für die wir verantwortlich sind, unsere Familien, alle Verwandten und Freunde, alle Kranken und Traurigen, deren Leid wir mittragen und all die Namenlosen und Unbekannten, von deren Schicksal wir hören. Sie gehören mit uns zu dir. Lass uns immer wieder neu bekennen und singen:

Ich bin getauft auf deinen Namen.

II In allem bitten wir um die Kraft zum Leben, um deine Begleitung und Gnade! Bewahre uns vor allen Bindungen des Bösen und vor aller Finsternis, wie sie bei den Gewalttaten hervorbricht. Lass Mut und Hoffnung von jedem ausgehen, der deine Taufe empfangen hat und die Welt nach deinem Willen in Frieden verändern will. Wir beten in der Stille und dann gemeinsam.

Nach einer angemessenen Zeit der Stille beginnen die Beter/innen ohne Aufforderung:

Vater unser im Himmel, ...

7. Sonntag nach Trinitatis

Wechselgebet zweier Beter/innen. Thema des Sonntags: Brot des Lebens.

I   Jesus, du Christus, verborgen unter dem Zeichen des Brotes bist du, Herr, das Leben. Zeige uns deine Zeichen des Lebens unter den vielen Menschen, die anders leben, als deine Zeichen Leben zeigen.

Stille

II   Denen, die dir zugehört haben, hast du Ruhe verschafft und Rast gewährt. Du hast sie lagern lassen, wo es nur Steine und Gras gab.

I   Du hast deinen Blick zum Himmel gerichtet und mit fünf Gerstenbroten und zwei Fischen die fünftausend Familien satt bekommen.

II   So hast du uns ein Zeichen gesetzt, mit dem Hunger auf der Welt umzugehen. Lass uns immer wieder neu verstehen, dass wir durch Abgeben und Teilen reicher werden.

I   Du, Herr, bist entwichen, du selbst ganz allein, als dich die Satten zum König des Brotes, zum König der Sattmacher, machen wollten.

II Du bist entwichen und hast damit in unserer satten Welt den Hunger erhalten,

I   den Hunger nach Gerechtigkeit und Wahrheit,

II den Hunger nach Echtheit und Ehrlichkeit,

I   den Hunger nach Aufbruch und Neuanfang,

II und ebenso den Hunger nach Verwurzelung und Kontinuität.

I   Du bist das Brot des Lebens, du bist das Brot für die Welt, aber du bist anders und du gibst anders, als wir denken.

II Lass uns erkennen, wer du bist und wie du gibst, wenn wir nichts haben und wenn wir zu viel haben.

angemessene Zeit der Stille

I   Wir beten gemeinsam mit deinen Worten:

Vater unser im Himmel, ...

◼ 8. Sonntag nach Trinitatis

Aufforderung   durch eine/n Beter/in

Wir wenden uns im Gebet zu dir und sprechen nach jedem Satz gemeinsam:
Herr, erhöre unser Gebet!

Gebet

I   Du großer, guter Gott, du bist für uns wie Vater und Mutter, unser Tröster und Helfer in aller Not. Wir breiten vor dir aus, was uns heute bewegt und rufen zu dir:

Herr, erhöre unser Gebet!

II   Wir danken dir für jede Zeit in unserem Leben und alle Führung, die von dir ausgeht, für deinen Schutz und dein Geleit. Wir rufen zu dir:

Herr, erhöre unser Gebet!

I   Gib uns Verständnis für unsere Mitmenschen hier und überall auf der Welt. Führe uns zusammen aus allen Nationen zu deiner einen Kirche unter allen Völkern. Wir bitten dich:

Herr, erhöre unser Gebet!

II   Wehre dem Wahnsinn der Kriege und Bürgerkriege in/auf … (Beispiel/e einfügen). Wir bitten dich:

Herr, erhöre unser Gebet!

I   Wir denken an die Menschen in Not, von denen wir wissen, und an alles namenlose Leid auf der Welt. Wir rufen zu dir:

Herr, erhöre unser Gebet!

II   Herr, bleibe bei uns mit deiner Kraft und deiner Gnade! Lass die Umrisse deines Reiches erkennbar werden in unserer Welt. Darum bitten wir dich um Christi Willen und schweigen.

angemessene Zeit der Stille, dann beginnt Beter/in I ohne Aufforderung:

Vater unser im Himmel, …

■ 9. Sonntag nach Trinitatis

Kurzes Fürbittengebet für einen Beter.
Thema: „Von den anvertrauten Zentnern", Mt 25,14-30.

Herr, unser Gott, du hast uns viel anvertraut.

Unser ganzes Leben, unsere Mitmenschen und die Verantwortung für das Zusammenleben in Stadt und Staat (in der Gemeinde und der Gesellschaft) hast du uns anvertraut.

Wir sollen Gewinn bringen für dein Reich, damit wir Gewinn haben für unser Leben. Wir verstehen den Zusammenhang so schwer und bleiben hinter dem zurück, was du von uns erwartest.

Lass uns aufbrechen und Zeugnis ablegen für dich und deine Sache, uns zu dir halten und bekennen, was du durch uns deiner Welt sagen willst. Lass uns deine Sprache verstehen und weitersagen, was wichtig ist aus deiner Sicht. Steh uns bei, damit gelingt, was du tun willst und was wir tun sollen.

Amen.

(oder der/die Beter/in beginnt ohne Aufforderung mit dem Vaterunser)

◼ 10. Sonntag nach Trinitatis – Israelsonntag

Ein Wechselgebet. Alle wesentlichen Aussagen der Texte dieses Sonntags nach Trinitatis klingen in dem Fürbittengebet an. Themen: Der Herr und sein wanderndes Volk, Israelsonntag, Jesus weint über Jerusalem.

AUFFORDERUNG   durch eine/n Beter/in

I   Betet in der Stille mit uns!

GEBET

II   Herr, unser Gott, lass unsere Tränen nicht versiegen und unsere Hoffnung nicht ersticken. Jesus weinte über Jerusalem, weil er sah, wohin das Leben in dieser Stadt trieb und für diese Lebensart keine Hoffnung mehr hatte.

I   Lass uns nicht zu spät erkennen, was zum Heulen ist in unserer Zeit und was heute zum Frieden dient. Du schenkst uns deine Kirche als Zuhause. Lass sie unser Bethaus sein und wehre allen Kräften, die sie zur Räuberhöhle machen.

II   Du baust deine Kirche aus lebendigen Steinen und gibst den Tempel der Juden und unsere leeren Kirchen zum Abriss frei, wenn wir dich (dein Wort und Sakrament) verachten und ohne Glauben in Selbstsicherheit leben.

I   Du rüttelst uns auf und schenkst uns in Christus neues Leben. Bewahre uns vor der Beharrlichkeit der Gleichgültigen, damit wir nicht sterben, ehe wir leben mit dir, leben aus deiner Verheißungen und Vergebung, leben aus deinem Trost und deiner Kraft.

II In deinen Geboten gibst du uns den Leitfaden für Entscheidungen an die Hand und ins Herz. In deinen Warnungen hältst du uns den Spiegel des eigenen Lebens vor Augen. Du hast uns so viel gegeben, in Jesus das Leben. Bewahre uns in ihm.

I Wir halten uns dir hin im Gebet. Öffne uns für deine Kräfte des Glaubens, der Liebe und der Zuversicht, damit wir Menschen nach deinem Bilde werden. Ändere uns, schaffe uns neu, damit wir so leben, wie du uns gebrauchen kannst, hier und in deinem Reich.

II Lass uns dein Volk sein und auf der Wanderschaft bleiben. Zieh mit uns durch die Zeiten. Gib uns den Mut und die Kraft, deine Gegenwart in unserer Welt zu bezeugen. Auch um deine Nähe bitten wir, damit dein Reich unter uns Gestalt annimmt.

Die Beter/innen sprechen gemeinsam: Amen.

Wenn das Vaterunser folgt, wird kein Amen gesprochen. Ein/e Beter/in beginnt nach einer kurzen Stille mit den Worten „Vater unser im Himmel, ... ".

◼ Nach der Sommerpause

Aktuelles Gebet (neue Vorkonfirmand/inn/en – Altstadtfest – Persönliches) für zwei Beter/innen, aber auch bis zu fünf – den ersten und letzten Teil sollte dieselbe Person sprechen.

AUFFORDERUNG   durch eine/n Beter/in

Betet mit uns und sprecht nach jedem Abschnitt:
Herr, erhöre unser Gebet!

GEBET

I   Herr, du großer, guter Gott, nimm unsere bunte Welt in deine Hand und uns in deinen Dienst, damit Glauben für immer mehr Menschen zum Leben gehört. Darum bitten wir:

Herr, erhöre unser Gebet!

II   Lenke das Herz und den Verstand all der Menschen, die mit ihren kleinen und großen Bitten zu dir kommen und lass jeden erkennen, wo er selbst in deinem Sinne etwas Richtiges tun kann. Was aber über menschliches Vermögen hinausgeht, das befehlen wir deiner Gnade und sprechen gemeinsam:

Herr, erhöre unser Gebet!

I   Nimm dich der neu getauften Kinder, der neuen Vorkonfirmanden und ihrer Familien an. Leite alle, die in diesen Wochen getraut wurden und begleite mit deinem Schutz ... (z.B.: die jungen Männer, die aus unserer Gemeinde zur UNO-Friedenstruppe in den / nach ... gehen o.Ä.). Darum bitten wir dich:

Herr, erhöre unser Gebet!

II Schütze unser Volk und Land und deine Kirche in unserem Volk, damit der Glaube nicht kraftlos und die Kirchen nicht harmlos werden, sondern deine Macht und Ehre bezeugen.
Darum bitten wir dich:

Herr, erhöre unser Gebet!

I Wir gedenken unserer Verstorbenen und bitten dich um Stärkung und Trost für die Angehörigen von … (Nennung der Vor- und Familiennamen) und alle, die um Menschen trauern, die sie lieb gehabt haben und hergeben mussten. Für alle Trauernden rufen wir zu dir:

Herr, erhöre unser Gebet!

II Nimm die ganze Welt in deine Hand und unser kleines Leben auch. Schütze unsere Stadt und … (z.B.: hilf allen Besuchern des Altstadtfestes ihre Grenzen zu erkennen, damit die Freude des Feierns nicht ins Gegenteil umschlägt/zeige allen Besuchern die Schönheit und das Wesen unserer alten Stadt). Lass sie spüren, was seit Jahrhunderten gewachsen und uns heute wichtig ist. Wir bitten dich:

Herr, erhöre unser Gebet!

L Nimm dich unser gnädig an, rette und erhalte uns in deiner Welt und lass den Segen zur Entfaltung kommen, den du in jeden einzelnen Menschen gelegt hast.

Die Beter/innen sprechen gemeinsam: Amen.

Wenn das Vaterunser folgt, wird kein Amen gesprochen. Ein/e Beter/in beginnt nach einer kurzen Stille mit den Worten „Vater unser im Himmel, … ".

15. Sonntag nach Trinitatis – Thema Sorge

AUFFORDERUNG   durch eine/n Beter/in

Betet mit uns. Schweigt mit uns. Tragt vor Gott, was uns bewegt und singt mit uns den Kanon: „Schweige und höre ...“

Ein Instrument spielt zwischen den Absätzen des Gebetes die Melodie von: „Schweige und höre, neige deines Herzens Ohr, suche den Frieden!“ (Taizè)

Alle Rechte im tvd-Verlag, Düsseldorf.

GEBET

Du, Gott, bist mein Gegenüber, der Gesprächspartner meiner Seele. Vor dir spreche ich aus, was mich wirklich bewegt, vor dir schweige ich und erfahre, dass du in mein Schweigen hinein deine Wahrheit sagst.

Wir haben viele Sorgen und werfen sie doch nicht alle auf dich, wir halten vieles fest, was nicht nach deinem Willen ist, weil wir letztlich nicht glauben, dass du für uns sorgst. Stärke zuerst unseren Glauben und sage in unser Schweigen hinein deine Wahrheit!

GESANG/MUSIK

Bewahre all unseren Mut vor Hochmut und lass uns tapfer mit dir gehen, wenn alle Welt fragt: „Wo ist denn euer Gott? – Hat er die Menschen vergessen?“ Sage in unser Schweigen hinein deine Wahrheit!

Wir meinen zu verzichten und haben doch mehr als wir brauchen. Wir leben im Überfluss und leiden dabei Mangel an Seele und Leib. Wir fühlen uns getrieben, wir leben entfremdet und halten den Schein für die Wirklichkeit. Sage du in unser Schweigen hinein deine Wahrheit!

GESANG/MUSIK

Du hast auf unserer Erde deinen großen, guten Garten für alle Menschen gepflanzt und er bringt reichlich Früchte jedes Jahren. Lass uns ernten, was von dir kommt, und teilen, was für alle gedacht ist. Sage in unser beschämtes Schweigen hinein deine Wahrheit!

Halte uns fern von der Klage über das Schwere des Lebens und das Böse der Zeit. Lass uns erkennen, welche große Bedeutung unser kleiner Glaube und unser bescheidener Beitrag für deinen Plan mit unserer Welt hat. Sage in unser Schweigen hinein deine Wahrheit!

GESANG/MUSIK

Nimm alles, was uns bewegt in deine Obhut. Schenke den Mutlosen Zuversicht, den Kranken Heilung, den Einsamen Gemeinschaft und den Sterbenden Frieden, Erlösung und Leben bei dir. So legen wir unsere Sorgen in deine Hand und gehen mit deiner Hilfe auf das Ziel zu, das du uns gesetzt hast. Wir vertrauen auf dich.

Die Beter/innen sprechen gemeinsam: Amen.

Wenn das Vaterunser folgt, wird kein Amen gesprochen. Ein/e Beter/in beginnt nach einer kurzen Stille mit den Worten „Vater unser im Himmel, ... ".

Danach kann der Kanon noch einmal gesungen oder instrumental wiederholt werden.

◼ 16. Sonntag nach Trinitatis – Auferstehung

Als Jesus kam, fand er Lazarus schon vier Tage im Grabe liegen … – wie lange liege ich schon in meinen verschiedenen Gräbern …? Jesus sagt: „Ich bin die Auferstehung und das Leben …" (Joh 11,25f.). Gebet für zwei, aber auch bis zu bis sechs Beter/innen.

AUFFORDERUNG   durch eine/n Beter/in

> Betet mit uns und sprecht nach den Worten „Ich bete zu dir" gemeinsam:
> *Du bist die Auferstehung und das Leben, Ich vertraue dir.*

GEBET

I   Herr Jesus Christus, du führst mich hinaus über mich selbst. In dir erkenne ich den Weg zu meinem Ziel. Ich bete zu dir:

> *Du bist die Auferstehung und das Leben. Ich vertraue dir.*

II   Ich lehne mich auf gegen alles, was mein Leben einengt, gegen freudlose Enge und gegen alle einengenden Freuden. Ich bete zu dir:

> *Du bist die Auferstehung und das Leben. Ich vertraue dir.*

I   Um Flügel für meine Hoffnung und Schwingen der Fantasie bitte ich dich, dass ich mich über den Alltag erheben und an der Auferstehung des Lebens teilnehmen kann. Ich bete zu dir:

> *Du bist die Auferstehung und das Leben. Ich vertraue dir.*

II   Alles Belastende, meine Befürchtungen und Sorgen, lege ich nieder am Stamm des Kreuzes, wo du der Schlange den Kopf zertreten hast und bete zu dir:

> *Du bist die Auferstehung und das Leben. Ich vertraue dir.*

I   Meine Schmerzen werden zum Schrei, den ich doch selbst ersticke – und meine Hoffnungen ohne dich zur Sehnsucht ohne Erfüllung. Ich bete zu dir:

Du bist die Auferstehung und das Leben. Ich vertraue dir.

II Alles Leid der Welt und alle Not der Menschen liegen offen vor dir. Du weißt, was wir brauchen, und gibst uns mehr, als wir bitten. Ich bete zu dir:

Du bist die Auferstehung und das Leben. Ich vertraue dir.

I   Höre mein Gebet und alles Flehen und Schreien nach dir. Nimm dich unser an, rette und erhalte uns im Auf und Ab der Meinungen und Zeiten und führe uns durch die Auferstehung zum Leben.

Die Beter/innen sprechen gemeinsam: Amen.

Wenn das Vaterunser folgt, wird kein Amen gesprochen. Ein/e Beter/in beginnt nach einer kurzen Stille mit den Worten „Vater unser im Himmel, ... ".

18. Sonntag nach Trinitatis – Zehn Gebote

Mindestens ein/e Beter/in spricht das Gebet am Altar (I) und ein/e Sprecher/in spricht die Kurzform der Gebote am Pult (II). Es können aber auch zwei oder mehrere Beter/innen am Altar die einzelnen Gebete sprechen. Der Gebetsstil ist dem Diakonischen Gebet verwandt.

I   Heute nennen wir die Zehn Gebote und tasten uns im Gebet an ihnen entlang. Betet mit uns und sprecht nach jedem Absatz:
Herr, erhöre unser Gebet!

II   Ich bin der Herr, dein Gott.

I   Herr, lass uns bescheiden werden und das Einfache auch einfach verstehen. Du bist der Eine. Du bist der Unverfügbare und verfügst allein über uns. Deshalb rufen wir alle zu dir:

Herr, erhöre unser Gebet!

II   Du sollst dir kein Bildnis noch irgendein Gleichnis machen.

I   Herr, lass uns die Träume und Bilder nicht mit dem gelebten Leben verwechseln und unser Herz nicht an Äußerliches und Vergängliches hängen. Wir bitten dich:

Herr, erhöre unser Gebet!

II Du sollst den Namen des Herrn, deines Gottes, nicht missbrauchen.

I   Herr, verweigere uns deine Nähe, wenn wir dich mißbrauchen zur bloßen Dekoration unserer Feste und zu den Weihestunden unserer Selbstdarstellung. Wir bitten dich:

Herr, erhöre unser Gebet!

II Du sollst den Feiertag heiligen.

I   Herr, du segnest unsere Arbeit und entziehst deinen Segen den Überarbeiteten. Du bewirkst die Ruhe des Sabbats und machst die Ruhe- und Rastlosen wirkungslos. Darum bitten wir dich um den Segen der Ruhe und beten zu dir:

Herr, erhöre unser Gebet!

II Du sollst deinen Vater und deine Mutter ehren.

I   Ordne das Verhältnis der Generationen zueinander immer wieder neu. Bewahre die Alten vor Verbitterung und dem Stillstand des Rückblicks und die Jüngeren vor einer kurzatmigen Planung und vermeintlichen Verbesserung der Welt. Wir bitten dich:

Herr, erhöre unser Gebet!

II   Du sollst nicht töten.

I   Unverständnis, Zorn und Hass sind Stufen der Gewalt und töten
     Wachstum und Versöhnung. Lass uns die verfeinerten Formen des
     Tötens im Rufmord, im Erschlagen des Geistes durch die Fülle des
     Materiellen, im Abwürgen unbequemer Einsichten erkennen und
     dennoch neues Leben wagen in unserer alten Welt. Darum bitten
     wir dich:

     Herr, erhöre unser Gebet!

II   Du sollst nicht ehebrechen.

I   Herr, du hast uns zuerst geliebt und so erneuert sich unsere Liebe an
     deiner Liebe. Du bist treu, lass auch uns treu bleiben und die Bin-
     dungen in der Ehe als Freiheit erfahren. Darum bitten wir:

     Herr, erhöre unser Gebet!

II   Du sollst nicht stehlen.

I   Wir bereichern uns in den reichen Ländern auf Kosten der Armen
     und suchen rücksichtslos unseren Vorteil. Lass uns ehrlich bleiben
     und genügsam leben. Lass uns auf das „Sein" und nicht auf das
     „Haben" schauen. Darum rufen wir zu dir:

     Herr, erhöre unser Gebet!

II Du sollst nicht lügen und „falsches Zeug" reden.

I Du hast uns die Stimme gegeben, um Gutes zu sagen. Du hast uns die Ohren gegeben, um die Wahrheit zu hören. Verschließe uns für das, was nicht stimmt, und erhalte uns das Unterscheidungsvermögen. Darum bitten wir:

Herr, erhöre unser Gebet!

II Du sollst nicht begehren.

I Gib uns die Freiheit, ohne Vergleiche zu leben, und zufrieden zu sein mit dem, was wir haben. Lass uns die besseren Möglichkeiten und die größeren Gaben anderer in Liebe wahrzunehmen und neidlos anzuerkennen. Darum bitten wir dich:

Herr, erhöre unser Gebet!

II Wenn die Liebe zu dir und zu den Menschen zum Maßstab unseres Lebens geworden ist, dann lass uns frei bekennen, dass wir ohne den Druck des Gesetzes dem Leben verbunden sind, das durch deinen Heiligen Geist geöffnet und geordnet wird und uns in Liebe zur Freiheit führt. So soll es sein.

Die Beter/innen sprechen gemeinsam: Amen.

Wenn das Vaterunser folgt, wird kein Amen gesprochen. Ein/e Beter/in beginnt nach einer kurzen Stille mit den Worten „Vater unser im Himmel, … ".

◼ Erntedank

Allgemeines Gebet zum Erntedankfest für zwei Beter/innen und die Gemeinde. Thema: Was Gott geschaffen hat, ist gut. Nichts ist verwerflich, was mit Danksagung empfangen wird (1. Tim 4).

HINFÜHRUNG

I Gott, hat uns Saat und Ernte, Frost und Hitze, Sommer und Winter verheißen – solange die Erde steht. Aus seiner Verheißung leben wir bis heute und beten zu ihm. Nach jedem Abschnitt sprechen wir gemeinsam:
Wir bitten dich, bewahre uns!

GEBET

II Halte deine Hand über alle Menschen, auch über uns. Lass unseren Überfluss nicht zum Untergang führen, bewahre uns vor Gier und Geiz, damit wir mit unserem Reichtum keine Gräben ziehen, sondern Segen stiften. Gemeinsam rufen wir zu dir:

Wir bitten dich, bewahre uns!

I Die Not der weiten Welt steht uns vor Augen. Lass uns wirklich Verantwortung übernehmen und helfen. Lehre uns einfach zu leben. Lass uns ernsthaft teilen, damit die Hungernden, die Arbeits- und Obdachlosen in den armen Ländern nicht Opfer von Hass und Verzweiflung werden! Für alle Menschen rufen wir zu dir:

Wir bitten dich, bewahre uns!

II Wir danken dir für die Ernte diese Jahres auf den Feldern und in den Gärten, auf den Gehaltskonten und bei den Bilanzen. Wir danken dir für alle ehrliche Arbeit, für intakte Familien, für zufriedene Alleinstehende, für alle Freude an der Arbeit. Überwinde du selbst heimliche Undankbarkeit in uns. Wir rufen zu dir:

Wir bitten dich, bewahre uns!

I	Lass uns in Zeiten des Leidens und der Krankheit reifen. Weite alles enge Denken, löse die Bitterkeit der Herzen in diesen bunten Herbsttagen und gib uns Freude an an deiner Welt und dem großen Geschenk des Lebens, das wir in uns tragen und um uns haben in der Vielfalt der Pflanzen, Tiere und Menschen. Für alle und alles rufen wir zu dir:

Wir bitten dich, bewahre uns!

II	Höre unser Gebet. Lass uns jeden Tag dankbar sein und aus deiner Kraft leben, bewahre und belebe unsere Gemeinde im Auf und Ab der Meinungen und Zeiten und führe uns durch die Auferstehung zum Leben.

Die Beter/innen sprechen gemeinsam: Amen.

Wenn das Vaterunser folgt, wird kein Amen gesprochen. Ein/e Beter/in beginnt nach einer kurzen Stille mit den Worten „Vater unser im Himmel, ... ".

■ In einer Martinsandacht

Gebet mit Jugendlichen, für Familien mit Kindern erarbeitet. Die Beter/innen legen ihre Texte auf den Altar, wenden sich mit der Pastorin/dem Pastor zur Gemeinde und warten die Aufforderung zum Gebet ab. Es ist noch unruhig in der Kirche bei den vielen Familien mit Kindern und Lampions. Wenn die Gemeinde nicht ohnehin schon steht, wird im Sitzen gebetet und die Ansage langsam und sehr bewusst gesprochen. Nach der Aufforderung wenden sich die Beter zum Altar und ein/e Jugendliche/r beginnt mit dem Gebet.

AUFFORDERUNG   durch eine/n Beter/in

Wir falten unsere Hände, schließen unserer Augen und wenn es ganz still ist, beginnt Raphael mit dem Gebet.

Die Beter/innen wenden sich zum Altar und sprechen langsam und deutlich

I   Wir danken Gott für den Heiligen Martin von Tours. Er hat so bescheiden gelebt und uns gezeigt, dass man durch Teilen nicht ärmer wird. Viele heißen nach ihm Martin und Martina, auch Martin Luther. Wir nehmen uns an ihm ein Beispiel, weil auch heute Arme und Schwache unsere Hilfe brauchen.

II   Bei uns gibt es viel verborgene Armut und schwache Menschen trauen sich nicht, ihre Schwächen zu zeigen. Jesus hilf uns, dass wir merken, wer uns braucht! Wir übersehen so viel. Es gibt immer mehr Obdachlose und Arbeit Suchende. Jesus öffne uns die Augen und das Herz für Menschen in Not.

III Jesus, du kümmerst dich um alle Menschen, auch wenn sie kein Geld haben, behindert oder krank sind. Der Heilige Martin von Tours hat das auch so gemacht. Er teilte seine Kleidung mit einem Bettler. Auch wir können teilen und damit helfen.

IV Wir können nur so helfen, wie Menschen helfen können: Kleidung teilen, Lebensmittel, Geld und Zeit. Jesus stoppe uns, lass uns nie angeben mit dem, was wir haben, sondern gerne teilen und abgeben.

L Jesus, wir beten gemeinsam dein Gebet:

Vater unser im Himmel, …

Drittletzter Sonntag im Kirchenjahr – inniges Gebet eines Beters nach Hiob

Gebet in Verbindung mit der alttestamentlichen Lesung des Sonntags (Hiob 14,1-6; OPT). Ein „inniges Gebet eines einzelnen Beters" muss durchdacht und natürlich, aber auch mitvollziehbar und verstehbar gesprochen werden. Die sprachlichen Spannungsbögen der Dramatik sollten deutlich werden und die Kraft des beharrlichen Betens (Ektenie). Das Gebet erträgt keinerlei Ansagen und Aufforderungen, auch nicht, wenn das Vaterunser anschließt.

Mein Gott, wenn ich an Hiob denke – bewahre mich vor meinen „schönen Gebeten", vor allen wohl durchdachten und ausgereiften Worten am Altar!

Gib uns das Direkte zurück, den direkten Umgang mit dir. Hiob hat sein Herz ausgeschüttet und geklagt: Seine Enttäuschung vom Leben, sein Unglück hat er herausgeschrien. Ungeschützt, anstößig, grob hat er gebetet und du, Gott, hast ihn gehört. Vielleicht hast nur du ihn verstanden – du verstehst alles, was echt ist.

Vor dir gilt kein Herumreden. Echtes Gebet ist Leben – und echtes Leben in seiner ganzen Tiefe ist Gebet bis zum Schluss, bis du uns und diese ganze Erde aufnimmst und verwandelst und neu schaffst nach deinem Willen.

Du wirst das geschundene Angesicht der Erde erneuern und mich, deinen Menschen, wiederherstellen nach deinem Bilde. Jeden einzelnen der Milliarden von Menschen schufst du nach deinem Bilde und du schufst uns als Mann und als Frau.

Du weißt, wie beladen und belastet wir leben. Wir haben Angst vor noch mehr Verantwortung. So wehren wir uns gegen die Übernahme von Verantwortung, die uns alle betrifft, und machen durch die Ablehnung alles noch schlimmer. Gib uns den Mut zur Übernahme von Verantwortung für alle und jedes, weil du uns frei sprichst, wenn wir hinter dem zurückbleiben, was du von uns erwartest.

Du stehst für uns ein und bist für uns da, wo wir doch dachten, alles allein schaffen zu müssen und unter Sorgen und Selbstgerechtigkeit ersticken. Du machst uns frei zum Leben, rechtfertigst uns und läßt uns ohne Asthma atmen.

Gott, du hast unser Leben kurz bemessen – viel kürzer als wir denken. Wir welken wie Blumen und weil wir das ahnen, sehnen wir uns nach den kleinen Freuden der Menschen, die in den Tag leben – frei von Verantwortung – anscheinend.

Du kennst die junge Frau, die tobte und schrie, die ausbrechen wollte aus ihrer Gegenwart. Das Kind, die Wohnung, der Job – alles war hinter ihr her und hat sie am Ende eingeholt. Mein Gott, wie hast du diese Frau auf die Beine gestellt und älter werden lassen? Ich danke dir für dieses Wunder und dafür, mein Gott, dass sie jetzt glücklich ist trotz dieser Anfangsjahre!

Behafte uns nicht, mein Gott, behafte uns nicht bei dem, was ist. Befreie uns von uns selbst, damit sein kann, was sein soll – nach deinem Willen. Befreie uns von uns selbst, damit dein Wille geschehe und wir als deine Kinder wirklich leben, wie du dir deine Geschöpfe geschaffen hast: zu deinem Bilde.

Lass uns hindurchdringen zu der herrlichen Freiheit der Kinder Gottes, die Verantwortung auf sich nehmen und deinen Weisungen folgen, die deine Vergebung annehmen und ihre Rechtfertigung von dir empfangen und nicht von sich selbst und den Menschen.

Der/die Beter/in spricht: Amen.

Wenn das Vaterunser folgt, wird kein Amen gesprochen. Die/der Beter/in beginnt nach einer kurzen Stille mit den Worten „Vater unser im Himmel, ... ".

◼ Vorletzter Sonntag im Kirchenjahr

Die persönlichen Nachrichten können an vielen Sonntagen in das Fürbitten-gebet hineingenommen werden. Für die Woche nach dem Volkstrauertag werden Taufen selten sein. Das Gebet muss entsprechend bearbeitet und kann dadurch gekürzt werden. Wenn keine persönlichen Nachrichten bekannt zu geben sind, entfällt der entsprechende Teil des Gebetes, wenn viele solche Nachrichten anstehen, kann der Teil davor entfallen. Beides ist mit * gekennzeichnet.

Die Beter/innen legen ihre Texte auf den Altar und wenden sich zur Gemeinde. Eine/r nennt zunächst die persönlichen Nachrichten und fordert zum Beten und ggf. zum Mitsprechen eines Satzes auf:

AUFFORDERUNG

Die persönlichen Nachrichten dieser Woche beziehen sich auf eine Taufe und zwei Verstorbene unserer Gemeinde: Getauft wird am kommenden Samstag um 17 Uhr ... (Vorname, Name und Adresse des Täuflings werden genannt). Abschied mussten wir nehmen von ... (Frau/Herrn, Vorname, Name, Adresse), (er/sie) verstarb im Alter von ... Jahren und von ... (Frau/Herrn, Vorname, Name, Adresse), (er/sie) verstarb im Alter von ... Jahren. Wir gedenken ihrer im Gebet und sprechen jetzt aus, was uns heute bewegt. Sprechen Sie alle gemeinsam mit uns nach jedem Absatz:

Herr, erhöre unser Gebet!

Die Beter/innen wenden sich wieder zum Altar

GEBET

I   Herr, unser Gott, du bist der Gott des Friedens und lässt uns zu Friedensstiftern werden, wenn wir dir folgen. Gib uns allen die Phantasie, Wege der Versöhnung zu finden, den Mut, diese Wege auch zu gehen, und die Kraft, andere von deinem Weg des Friedens zu überzeugen. Darum rufen wir alle zu dir:

Herr, erhöre unser Gebet!

II Herr, wir preisen die Gerechtigkeit, die von dir ausgeht und zu dir hinführt. Du bist parteiisch und trittst für die Elenden, Entrechteten und Unterdrückten ein.

98

Lass auch uns Partei ergreifen für die Hungernden und Behinderten, für die Opfer der Bürgerkriege und des Hasses. Wir rufen alle zu dir:

Herr, erhöre unser Gebet!

I   Herr, du hast uns die Schöpfung anvertraut, damit Leben bleibt und gedeiht. Lass uns immer klarer erkennen, dass deine Erde ein Haus für alle Menschen und ein Garten aller Generationen ist, die nach deinem Willen hier leben dürfen. Darum rufen wir zu dir:

Herr, erhöre unser Gebet!

II Dein Sohn hat sein Leben hingegeben, damit wir als deine Kinder leben können und keiner verloren geht. Aber so viele verlieren sich an die Macht, den Reichtum, die Bosheit, Unterdrückung und Folter. Wir beklagen das am Volkstrauertag und suchen Versöhnung über Abgründe hinweg. Bewahre uns davor, unbewusst oder bewusst Helfershelfer des Bösen zu werden. Darum bitten wir dich:

Herr, erhöre unser Gebet!

I* Hilf uns, eine Gemeinde zu sein, in der Menschen Trost und Hoffnung empfangen und sich gegenseitig annehmen als Alte und Junge, als Kranke und Gesunde, als Frauen und Männer, als Traurige und als Fröhliche, als alt Eingesessene und neu Zugezogene, als unterschiedliche und gegensätzliche Menschen. Darum bitten wir dich und sprechen gemeinsam:

Herr, erhöre unser Gebet!

II* Gib den Eltern von ... (Name des Täuflings) Mut zu einer konsequenten, liebevollen und christlichen Erziehung, dass (Vorname des Täuflings) seinen Platz unter den Menschen findet und in der Konfirmation gern den eigenen Glauben bekennt. Tröste alle, die um ... (die Namen der genannten Verstorbenen) trauern mit deinem Wort der Auferstehung und des Lebens. Gib den Verstorbenen ihren Platz in deinem Reich. Darum bitten wir dich:

Herr, erhöre unser Gebet!

I   Hilf, dass wir an diesem Trauertag deinen Lebens- und Friedensplan für unser Herz und deine Welt erkennen. Wir schauen auf deinen Sohn Jesus Christus, der als Bruder in dieser Welt gelitten und uns Versöhnung, Hoffnung und Vergebung erstritten hat.

Die Beter/innen sprechen gemeinsam, wenn kein Vaterunser folgt: Amen.

◼ Buß- und Bettag

Dieses Gebet wendet sich in besonderer Weise an Jesus, den Christus. Es setzt die Buß- und Bettagsliturgie mit einer Beichthandlung und entsprechenden Lesungen voraus und ist für „Schulgottesdienste" an diesem Tag nur geeignet, wenn Schüler den ganzen Gottesdienst erarbeitet und vorbereitet haben.

AUFFORDERUNG durch L

Erhebt euch und betet mit uns. Am Ende unserer Gebetsteile rufen wir Jesus Christus an und sprechen alle gemeinsam:
Wir bitten dich, erhöre uns!

GEBET

L   Wir beten zu unserem Herrn Jesus Christus und übertragen ihm all unsere Sorge und Schuld, denn er sorgt für uns und hat die Schuld auf sich genommen.

I   Behüte, o Herr, deine Kirche in allen Stürmen der Zeit, dass sie ein Zuhause sei oder werde für viele Menschen. Schenke ihr Einheit und Glaubwürdigkeit. Herr Jesus Christus:

Wir bitten dich, erhöre uns!

II   Errette die Welt aus Hunger und Krieg. Befähige die Völker zu Einsicht, Gerechtigkeit und Frieden, damit Menschen hier menschlich leben können. Herr Jesus Christus:

Wir bitten dich, erhöre uns!

I   Lenke Planung und Forschung zum Guten nach deinem Willen, damit Krankheit und Hunger eingedämmt und Gegensätze ohne Gewalt ausgetragen werden, auch in/auf ... (Konkretion: z.B. auf dem Balkan/in der Genforschung/in der Diskussion um ...). Herr Jesus Christus:

Wir bitten dich, erhöre uns!

II Erlöse uns vom Druck unserer Schuld, befreie uns von Ängsten und beschenke alle, die heute Buße tun, mit dem Frieden des Herzens. Herr Jesus Christus:

Wir bitten dich, erhöre uns!

I Gib den Kranken die Kraft und den Willen, Schmerzen zu ertragen und Heilung anzunehmen. Lass uns frei von Zweifel und Resignation die heilenden Kräfte des Glaubens in dir finden und in der Tief der Seele entfalten. Herr Jesus Christus:

Wir bitten dich, erhöre uns!

II Überlass die Welt nicht sich selbst und ihrem Schicksal, auch nicht menschlicher Willkür. Befreie uns von der Bosheit und Überheblichkeit, die keine Buße kennt. Verwirf uns nicht am Tage deines Gerichts. Herr Jesus Christus:

Wir bitten dich, erhöre uns!

L Herr Jesus Christus, lass uns in guter Gemeinschaft mit dir und untereinander leben, in der Kraft des Heiligen Geistes, die uns bewahrt und trägt.

Die Beter/innen sprechen gemeinsam: Amen.

Wenn das Vaterunser folgt, wird kein Amen gesprochen. Ein/e Beter/in beginnt nach einer kurzen Stille mit den Worten „Vater unser im Himmel, ... ".

◼ Ewigkeitssonntag/Totensonntag – mit Nennung der Verstorbenen

Von einem/einer Kirchenvorsteher/in oder Gottesdienstmitarbeiter/in werden etwa 6-12 Namen von Verstorbenen aus der Gemeinde gruppenweise verlesen. Dabei kann für jede Gruppe eine Kerze von einer weiteren Person angezündet werden. Bei diesem persönlichen Gedenken werden die Verstorbenen auch mit Vornamen, Adresse und Alter genannt. Nach der Nennung der jeweiligen Gruppe von Namen wird am Altar das Gebet gesprochen.

AUFFORDERUNG   durch eine/n Beter/in

Erhebt euch und gedenkt mit uns aller Verstorbenen des zu Ende gehenden Kirchenjahres, die uns nahe gestanden haben, um die wir hier und in der weiten Welt trauern. In Liebe und Dankbarkeit nennen wir vor Gott die Namen derer, die er aus unserer ...-Gemeinde (Namen der eigenen Gemeinde nennen) zu sich genommen hat.

Namen der ersten Gruppe werden verlesen – Gebet:

Nimm sie auf in deinen Frieden und lass sie teilhaben am Lob deiner Herrlichkeit. Bewahre uns auf dieser Erde vor dem Unfrieden der Völker und des Herzens und lass uns aus der Hoffnung auf deine Herrlichkeit getrost leben.

Namen der zweiten Gruppe werden verlesen – Gebet:

Lass ihnen das Licht deiner Wahrheit leuchten, offenbare ihnen das Verborgene und gib ihnen, was die Welt ihnen vorenthalten hat. Lass uns erkennen, wie oberflächlich und fern von dir unser Leben so oft verläuft, wie befangen wir sind im Blick auf deine Wahrheit und Klarheit.

Namen der dritten Gruppe werden verlesen – Gebet:

Lass sie schauen, was wir glauben, und nimm sie hinein in die Fülle deiner neuen Welt. Tröste uns und wende unseren Blick von der Trübsal zum Licht, vom Zweifel zum Glauben, von der eigenen Begrenztheit in deine Weite.

Namen der vierten Gruppe werden verlesen – Gebet:

Schenke ihnen die ewige Ruhe und das grenzenlose Leben in deinem Reich. Bewahre uns vor der Unruhe des Herzens, vor dem Vertrocknen der Seele, vor dem Zwang zum Erfolg und lass uns schon hier Ruhe finden in dir.

Namen der fünften Gruppe werden verlesen – Gebet:

Gott, unser Tröster und Vater, wir erfahren jedes Jahr aufs Neue, wie vergänglich unser Leben ist und dass der Tod uns alle täglich begleitet. Bleibe du bei uns und halte auch uns nahe bei dir, damit wir uns nicht verlieren, nicht vergebens leben und in deiner Liebe geborgen bleiben.

Die Beter/innen sprechen gemeinsam: Amen.

Wenn das Vaterunser folgt, wird kein Amen gesprochen. Ein/e Beter/in beginnt nach einer kurzen Stille mit den Worten „Vater unser im Himmel, ... ".

B

GEBETE ZU VERSCHIEDENEN
THEMEN UND ANLÄSSEN

◼ Herrlichkeit und Wirklichkeit

Das Gebet ist für drei Beter/innen gedacht, kann aber auch von zwei Beter/inne/n im Wechsel gesprochen werden.

AUFFORDERUNG   durch eine/n Beter/in

Betet mit uns!

GEBET

I   Wir beten zu dir, unserem Gott, denn dein ist das Reich und die Kraft und die Herrlichkeit. Doch wir sehen und erleben im Alltag so wenig von dir und deiner Herrlichkeit. Bist du abwesend, du verborgener Gott? Gib uns das Feingefühl für deine Nähe, das Gespür für deine Gegenwart und den Blick für dein Wirken unter uns.

II   Du hast uns wiedergeboren und zu deinen Kindern gemacht. Du hast uns den Blick geschärft für unsere Aufgaben in deiner Welt. Wir aber verharren in der Welt der Vergänglichkeit und des Verfalls. Schenk uns den Mut, unser Leben auf dich und deine Verheißungen auszurichten und danach zu handeln.

III Wir bitten dich, dass wir vorbehaltlos glauben, ohne Zögern hoffen und mit Freude bekennen: nicht die Großen dieser Welt, sondern du, unser Gott, bestimmst das Geschick und die Geschichte und leitest unser Leben.

I   Herr, wir erleben Ausgleich und Frieden in Europa und wissen doch nicht, wie es in anderen Teilen der Welt weitergehen soll. Wir beklagen die Feindschaft unter den Menschen, den Krieg/den Terror in … und die Bürgerkriege in …, die Armut und den Hunger von Millionen deiner Geschöpfe.

II Du hältst deine Hand über uns und deine Welt, aber lass uns das nicht missverstehen. Frieden willst du und Gerechtigkeit. Bewahre uns vor der Trägheit des Herzens, damit wir deinen Weisungen folgen und unser Zusammenleben nach deinem Willen ordnen, bei uns und überall in der Welt!

III Du, unser Gott, bist der Herr der Zeit und der Ewigkeit. Wir legen alles in deine Hand. Du aber führe unsere Hände, dass sie tun, was du willst, damit wir leisten, was du von uns erwartest.

Die Beter/innen sprechen gemeinsam: Amen.

Wenn das Vaterunser folgt, wird kein Amen gesprochen. Ein/e Beter/in beginnt nach einer kurzen Stille mit den Worten „Vater unser im Himmel, ... ".

◼ Meditation der Mitte

AUFFORDERUNG

Ein Senklot hängt von der Decke, es hat dort oben seine Verankerung, seinen Bezugspunkt. Die Maurer bestimmen damit seit uralten Zeiten die Senkrechte. Wenn das Lot in Schwingung gebracht wird, findet es doch zu seiner Mitte zurück. So kann es uns zum Gleichnis werden. Bei allen Schwingungen und kreisenden Bewegungen des Lebens werden wir zurückgeführt zu uns selbst, zur Mitte unseres Lebens.

GEBET – MEDITATION

Musik (Streicher oder Orgel)

Betet mit mir: Herr, deine Mitte ist unverfügbar, aber ich bin verankert in dir und du verfügst über mich und lässt mich meine Mitte finden.

Du kennst das Hin- und Herschwingen meiner Gedanken, meiner Seele – mal weit, mal weniger weit. Du kennst mein Kreisen um mich selbst – mal in größeren Kreisen, mal in kleineren. Lass mich am Ende einpendeln am Ruhepunkt meines Lebens, dass ich meine Mitte finde in dir!

Musik (Streicher oder Orgel)

Offenbare dich mir und nimm mein Leben hinein in den Takt deiner Zeit, meine Tage in deinen Schutz, meine Nächte in deine Obhut, meine Lasten in deinen Trost, meine Seele in deinen Frieden. Führe mich nach deiner Gnade durch dieses Leben und am Ende meiner Tage zurück zu dir. Amen.

Musik (Streicher oder Orgel)

◼ Miteinander – Füreinander

Meditatives Gebet in einem Gesprächsgottesdienst mit Taizé-Liedern. Diese Fürbitten wurden von einem Gesprächskreis zusammengetragen. Mit neun langen Abschnitten eignet sich dieses Gebet für meditative. Gottesdienste außerhalb der Hauptgottesdienstzeit. Die Autor/inn/en selbst sind auch die Beter/innen. Das Amen am Schluss spricht der Beter des letzten Abschnitts.

Der Gesang „O, adoramus te, domine" („Wir beten dich an, Herr"; z.B. im EG-NB 648; EG-BT 701) wird als Zwischengesang nach zwei Abschnitten einmal gesungen. Nur am Schluss wird er nach der Weise von Taizé mehrfach wiederholt, dabei immer deutlicher und kräftiger gesungen, bis er abklingt und summend beendet wird.

AUFFORDERUNG   durch eine/n Beter/in

> Betet mit uns und singt nach jedem Abschnitt den Gebetsruf aus Taizé: *O Adoramus te, Domine,* wenn eine/r von uns diesen Gesang anstimmt.

GEBET

> Wir bitten dich heute zuerst um deinen Geist: Um Mut zum selbstständigen Denken, um Kraft zum liebevollen Handeln, um die Bereitschaft zur Versöhnung, um Verständnis für ungewohnte Formen des Lebens, um Offenheit gegenüber allen Mitmenschen, eben um deinen guten, heiligen Geist. Wir bitten dich um Feingefühl für Außenseiter; um die Fähigkeit, Fremdes und Neues vorbehaltlos zu betrachten. Ach Herr, schenke uns Vertrauen, das da anfängt, wo unser Verständnis an Grenzen stößt und wir nicht mehr weiter wissen. Handle du für uns, bis wir wieder handlungsfähig sind! Wir vertrauen dir:

> *O Adoramus te, Domine.*

> Wir denken vor dir an all die großen Konflikte, an Terror und Kriege in der Welt, aber auch an die kleinen Kriege unter uns, unsere beschämenden Kämpfe untereinander! Du kennst unsere Not, dass wir keinen Frieden halten können.

Verändere uns und lass unsere verhärteten Herzen wieder füreinander schlagen. Schenke uns Versöhnung und Begegnung, statt Entfremdung und Ablehnung.

Gott, lass uns nicht sprachlos werden gegenüber unseren Mitmenschen! Gib uns die Gewissheit, dass du uns mit dem Leben auch wichtige Aufgaben gegeben hast. Lass uns, den Glauben als entscheidende Hilfe erkennen, unsere Aufgaben zu erfüllen. Wir wenden uns zu dir:

O Adoramus te, Domine.

Gott, schenke uns Zufriedenheit, zu unserem guten Einkommen das Auskommen. Lass unsere Sorgen versinken und wahrnehmen, welche Schätze du uns in den Schoß gelegt hast. Wische die Angst vor der Zukunft hinweg, schenke allen Generationen Glauben und Zuversicht, damit wir getrost die nächsten Schritte gehen und das Naheliegende tun können.

Herr, unser Gott, wir denken an die Menschen, die keinen Frieden mit sich selbst finden und den nahe Stehenden fernstehen. Hilf du ihnen, dass sie andere finden, die für sie beten, wenn sie mutlos sind, die für sie sprechen, wenn sie schweigen, die sie trösten, wenn sie traurig sind. Lass sie Kraft schöpfen aus dem Gleichgewicht von Zuwendung und Stille. Wir wenden uns an dich:

O Adoramus te, Domine.

Lass im Wechselspiel des Miteinanders keinen zurück- und auf der Strecke bleiben. Rege du uns an, miteinander zu reden, dass wir einander gelten lassen und uns bei aller Verschiedenheit achten und anerkennen. Hilf, dass der Austausch zwischen den Generationen nicht abreißt.

Herr, wir sind unsicher, wenn wir von neuen Lebens- und Glaubensformen hören. Lass uns das Ernsthafte erkennen und trenne du die Spreu vom Weizen. Lass sich das entfalten, was nach deinem Willen ist. Darum bitten wir dich:

O Adoramus te, Domine.

Herr, lass unsere Gemeinde einen lebendigen Organismus sein und leben, wie du dir die Gemeinschaft in der Gemeinde gedacht hast. Trenne uns von allem Unechten, Erstarrten und Künstlichen. Lass deine Quelle des lebendigen Wassers auch bei uns sprudeln. Wir vertrauen uns dir an und wenden uns allein an dich. Amen.

■ Trösten – wie eine Mutter (Jes 66,13)

durch eine/n Beter/in

Wenn wir jetzt beten, dann soll uns das Wort aus dem Jesajabuch (66,13) leiten: „Ich will euch trösten, wie einen seine Mutter tröstet." Jetzt und nach jeweils zwei Gebetsabschnitten singen wir den Zwischengesang:

GEBET

I Herr, unser Gott, wir haben immer wieder Angst und merken oft zu spät, wie bedrückt wir leben. Wir verdrängen unsere Angst und spüren doch heimlich, wie sie uns bestimmt und das Leben immer schwerer macht!

II Der erste Tag in einer neuen Umgebung, die Einsamkeit unter vielen Menschen, die Angst, allein dazustehen oder bloßgestellt zu werden, lässt uns nach deiner Hilfe rufen.
Du machst uns Mut und sprichst:

Ich bin bei euch alle Tage, seid nicht bang.
Ich bin bei euch alle tag- und nächtelang,
spricht der Herr, spricht der Herr.

I Wir können als Erwachsene oft nur schwer zugeben, dass wir überhaupt Ängste haben. Viele denken, man könnte dagegen arbeiten oder dagegen schimpfen oder trinken.

II Die kleinen Ängste der Großen und die großen Ängste der Kleinen fließen zusammen und wir alle hoffen darauf, dass du uns hilfst und zu uns sprichst:

Ich bin bei euch alle Tage, seid nicht bang.
Ich bin bei euch alle tag- und nächtelang,
spricht der Herr, spricht der Herr.

I Du, Gott, nimmst uns ernst, wie eine gute Mutter ihre Kinder ernst nimmt. Du weißt, wie ängstliche Menschen leiden. Lass jeden Menschen erleben, wie wahr es ist, dass du die Welt, in der wir Angst haben, überwunden hast.

II Unsere Ängste verwandelst du in Freude und unsere Trauer in einen Reigen*. Lass diese Verheißung der Bibel spürbar werden. Nimm alles Lastende von uns und umhülle uns mit deiner Nähe wie mit einer leichten Decke, wenn du zu uns sprichst:

* Ps 30,12a

Ich bin bei euch alle Tage, seid nicht bang.
Ich bin bei euch alle tag- und nächtelang,
spricht der Herr, spricht der Herr.

I Danke, Gott, dass du uns immer wieder Trost zusprichst und bei uns bist.

Die Beter/innen sprechen gemeinsam: Amen.

■ Sprechmotette zur Bergpredigt –
mit Kyriegesang

Die Sprechmotette ist für drei Sprecher/innen gedacht. Die Gemeinde oder ein Chor singt ein meditatives Kyrie. Als Schluss eignet sich eines der Seligpreisungslieder, z.B. EG 307 oder „Selig seid ihr, wenn ihr einfach lebt ...."

So reich wie heute waren wir noch nie; so sicher und so gut versichert wie heute waren wir noch nie. So viel wissend wie heute waren wir noch nie und so hoch entwickelt wie heute waren wir auch noch nie.

Gleichzeitig wachsen die Weltstädte durch immer mehr Menschen besonders in Slums. Bei uns wächst ... (Name eines „sozialen Brennpunkts") und der Sanierungsbedarf in ... (Beispiel nennen)! Gleichzeitig wird der Hungergürtel unserer Erde immer größer. Gleichzeitig sind wir Zeitzeugen der Auflösung von Weltreichen.

Gleichzeitig hören wir den Anspruch der Bergpredigt. Denn ebenso, wie der Berg Sinai, der Berg des Mose war, der Berg des Gesetzes und des alten Bundes, so sucht auch Jesus einen Berg auf, um das Wesentliche zu sagen. Der Berg seiner Predigt, der Berg des neuen Bundes. Auch die Zukunft und die Hoffnung hat ihren Berg. Der Zion ist der Berg der künftigen Stadt, auf die wir warten.

KYRIEGESANG

Wir sind hierher ... (Ortsbezeichnung/Name des Berges/Name der Kirche) über der Stadt gestiegen, um die Bergpredigt Jesu neu zu hören! Wir Menschen sagen: Zu bedauern sind die Armen, denn ihnen fehlt die wirtschaftliche Basis zum Leben. Sozialhilfe ist keine Lebensgrundlage, schon gar nicht für eine Familie.

Anders ist die Verheißung der neuen Erde und des neuen Himmels, anders ist eben auch die Logik der Liebe und der Zuwendung Gottes! In der Bergpredigt wird paradoxerweise der Reichtum der Armen und die Armut der Reichen genannt. Glück und Seligkeit hängen eben nicht vom Einkommen ab.

Reichtum kann zu einer unüberwindlichen Grenze werden. Da geht „leichter ein Kamel durch ein Nadelöhr, als dass ein Reicher in das Reich Gottes kommt!" Wer seine Grenzen kennt, wer nichts hat, auf das er sich vor Gott berufen kann, und wer an der Veränderung der Welt mitarbeitet, der darf von Gott alles erwarten. Dem gilt die Verheißung der Seligkeit bei aller Armut.

KYRIEGESANG

Wir bedauern es, wenn eine von uns nach Gerechtigkeit sucht und sagen: „Sie wird ihr blaues Wunder erleben". Wir bedauern die Friedensstifter und sagen: „Sie werden zwischen den Fronten zerrieben!" So passen wir uns dem Lauf der Welt an, denn wer sich querstellt, der kommt ins Gerede.

Ohne Passion, ohne Leiden, ohne Leidenschaft nehmen wir an der Auferstehung Jesu nicht teil. Wer Leid akzeptiert, wer sich auf Trauer einlässt, wer mit seinem eigenen Schmerz teilhat an dem dunklen Strom des Leidens, der die Geschichte der Menschheit durchzieht, und fremde Not an sich heranlässt, dem gilt paradoxerweise die Verheißung Jesu. Mit dem geht er heute auf den Berg und spricht: Selig sind, die da Leid tragen; denn sie sollen getröstet werden.

Seine Logik lehrt uns die Werte anders zu werten. Das Reich Gottes fällt uns nicht in den Schoß, aber Gott fällt uns auch nicht in den Rücken! Wer nach der Bibel lebt und sich auf den Berg mitnehmen lässt, auf dem Jesus seine Predigt hält und seine Werte nennt, der wird nicht mehr unbeeindruckt vor sich hin leben.

KYRIEGESANG

Christen können nicht einfach alles hinnehmen. Wer aber den Mund aufmacht, dem wird „das Maul gestopft". Verfolgung um der Gerechtigkeit willen müssen wir immer erwarten. Die Ablehnung der Kirche in Teilen der Gesellschaft ist nicht verwunderlich! Glaubhafte Verkündigung ist echte Mission. Das bleibt unser Auftrag und das Unrecht der Welt rüttelt uns auf, den Auftrag auch zu erfüllen! Jesus geht auch heute mit uns auf den Berg und spricht: Selig sind, die um der Gerechtigkeit verfolgt werden, denn ihnen gehört das Himmelreich.

Amen.

SELIGPREISUNGSLIED

■ Weltweite Kirche

AUFFORDERUNG   durch eine/n Beter/in

Wenn wir jetzt beten, machen wir nach jedem Satz eine Pause zum Nachdenken vor Gott. Dann folgt der Satz: Wir bitten dich. Das ist die Aufforderung für alle zum Mitbeten der Worte:
Herr, erhöre unser Gebet!

GEBET

Herr, unser Gott, wir sprechen vor dir aus, was uns heute bewegt.

Stille – L: Wir bitten dich. – Alle: *Herr, erhöre unser Gebet!*

Beschütze und stärke unsere Kirche und ihre Vielfalt in der weiten Welt.

Stille – L: Wir bitten dich. – Alle: *Herr, erhöre unser Gebet!*

Wir danken dir für die Gemeinschaft aller Christen in den großen Kirchen und in den kleinen Gemeinschaften an jedem Ort der Welt.

Stille – L: Wir bitten dich. – Alle: *Herr, erhöre unser Gebet!*

Wir sind dankbar für unsere Kontakte zu … (Namen/Bezüge nennen). Segne, was dort geleistet wird und halte uns verbunden in dir.

Stille – L: Wir bitten dich. – Alle: *Herr, erhöre unser Gebet!*

Wir bitten für unsere Landeskirche und unseren … (Namen des Bischofs/der Bischöfin mit Vor- und Nachnamen nennen) und alle Frauen und Männer, die Kirchen leiten in der ganzen Welt.

Stille – L: Wir bitten dich. – Alle: *Herr, erhöre unser Gebet!*

Wir denken an die Verantwortlichen in den Regierungen und den Völkern, dass sie nach deinem Willen fragen und Gutes tun für alle Menschen.

Stille – L: Wir bitten dich. – Alle: *Herr, erhöre unser Gebet!*

Wir bedenken, was wir aus … (Beispiele nennen) gehört haben. Stärke sie und uns und lass deine Kirche in den Herzen der Menschen wachsen.

Stille – L: Wir bitten dich. – Alle: *Herr, erhöre unser Gebet!*

Wir erbitten deine Kraft für die junge Generation, dass immer mehr Mädchen und Jungen in allen Kirchen Glauben leben und ernsthaft Christen sein wollen.

Stille – L: Wir bitten dich. – Alle: *Herr, erhöre unser Gebet!*

Überall auf der Welt bist du uns gleich nahe. Wir preisen dich und vertrauen die ... (Name und Land der Partnerkirche) deiner Güte und Gnade an und ebenso Familie ... (Namen nennen) und uns selbst.
Wir nennen in der Stille, was uns persönlich bewegt und die Namen derer, die uns nahe stehen:

Nach einer angemessenen Zeit der Stille beginnt ein/e Beter/in ohne jede Aufforderung:

Vater unser im Himmel, ...

◼ Vaterunser – Meditation mit Kanon

KANON

L   Vater unser im Himmel.

I   Vater – du ferner Vater! Wo aber der Himmel sich öffnet, da ist dein Ort, da bist du uns nahe und wir sind ganz bei dir.

II   Vertrauter, geliebter Vater! Du breitest deine Arme aus über deine ganze Welt, auch über alle, die hier mit mir zusammen sind.

III   Du bist Vater und Mutter, Ursprung und Ende. Du nimmst uns an, so wie wir sind, mit unseren Fehlern und Schwächen. Du tröstest uns, wie „einen seine Mutter tröstet".
Du bist in allem für uns da.

L   Geheiligt werde Dein Name.

I   Beiläufig und gedankenlos wird dein Name genannt, ohne Ehrfurcht, ohne Zuwendung, ohne Vertrauen.

II   Heilig ist uns so vieles oder auch gar nichts. Aber dein Name soll geheiligt werden – heute und immer, er soll über allen Namen stehen.

L   Dein Reich komme.

I   Wir sehnen wir uns danach, dass du uns die Mitverantwortung für die wunde Erde erleichterst. Erneure du das entstellte Angesicht der Erde, dass es zum Gleichnis deines Himmels und deiner bergenden Liebe werde.

II   Entfalte die Fülle des Segens, den du von Anfang an in die Welt hineingelegt hast. Lass dein Friedensreich hier auf Erden beginnen.

L   Dein Wille geschehe.

I   Wie oft wollen wir unser „Glück machen", unser Leben in die eigene Hand nehmen. Wir planen, als seien wir unsterblich und sind voll Trauer, Wut oder Enttäuschung, wenn es nicht nach unserem Willen geht. Lehre uns, auf dein Wort, deine wundersamen Pläne zu lauschen, um deinen Willen wahrzunehmen.

II Es ist oft so schwer, zu glauben, dass das, was auf der Welt geschieht, dein Wille sei. Wir zweifeln immer wieder.

III Hilf uns, so zu leben, wie du es willst, und bewahre uns davor, dich für das verantwortlich zu machen, was wir Menschen anrichten.

KANON

L   Unser tägliches Brot gib uns heute.

I   Wie selbstverständlich stehen wir vor vollen Regalen, Vorratsschränken, Lagern und Silos. Überschüsse vernichten wir, weil das Verteilen keinen Profit bringt.

II Die Bitte um das tägliche Brot ist eine große Bitte, gerade heute, wo so viele Menschen auf der Welt hungern. Hilf, dass wir endlich lernen wirklich zu teilen und abzugeben. Weise uns die Wege, das zu schaffen.

III „Brot und Heute" gehören zusammen. Gib uns, was wir wirklich brauchen. Stille den Hunger der Seele und die Sehnsucht der Herzen.

L   Und vergib uns unsere Schuld, wie auch wir vergeben.

I   Du gibst nicht nur, du vergibst auch. Du forderst Vergebung von uns, damit das Leben lebbar bleibt.

II Herr, ich weiß, dass du mir meine Schuld vergibst und doch ist es so schwer, das zu glauben und aus deiner Vergebung Kraft zu schöpfen. Diese Spannung lässt mich immer wieder zweifeln und oft verzweifeln.

III Bitte hilf mir, deiner Vergebung wirklich zu vertrauen und versöhntes Leben mit denen zu wagen, die mir zuwider sind.

L   Und führe uns nicht in Versuchung.

I   Wir erkennen, dass wir zu schwach sind, Versuchungen zu widerstehen. Nimm du uns bei der Hand und führe uns durchs Leben über alle Abgründe hinweg.

II Führe uns heraus aus unseren Zwängen. Lass uns das Falsche erkennen und unsere Neigung zum Bösen nicht herrschend werden. Lass uns nicht versinken.

L   Sondern erlöse uns von dem Bösen.

I   Durch einen geringfügigen Anlass kann sich so viel Böses in uns festsetzen, kann so großes Unglück geschehen. Erlöse uns von den Lawinen des Bösen.

II Du sprengst die Ketten, die uns fesseln, die Bosheit, die uns in finsteren Gedanken verharren und böse Pläne schmieden lässt.

L   Denn dein ist das Reich und die Kraft und die Herrlichkeit in Ewig-
    keit.

I   All unsere Träume, Hoffnungen und Wünsche fließen in diese
    letzten Worte ein.

II Wir verwechseln die Sehnsucht nach deiner Nähe so oft mit der Sucht
    nach Allmacht, die unsere Fehler ohne unser Zutun berichtigen soll.
    Wir vergessen, dass du „den unteren Weg" gegangen bist und ohne die
    Suche nach Schlupflöchern zum leichteren Leben unsere Schuld auf
    dich genommen hast.

III Noch ist deine Herrlichkeit verborgen im Alltag. Noch warten wir auf
    dein Reich, auf deine bleibende Kraft in Ewigkeit.

Die Beter/innen sprechen gemeinsam: Amen.

KANON

◾ Gemeindefest vor Ferienbeginn – neue Wetterfahne

Gebet für zwei, drei oder sechs Mitbeter/innen ohne Antworten der Gemeinde für den Anlass formuliert: Gemeindefest vor Ferienbeginn mit Einweihung einer neuen Wetterfahne.
Thema „Flagge zeigen". Im Familiengottesdienst ist die Aufforderung zum Vaterunser sinnvoll.

AUFFORDERUNG   durch L

Wir falten unsere Hände, werden still und beten.

Die Beter/innen stehen hinter dem Altar

GEBET

I   Du, unser Gott, hast Himmel und Erde verbunden, hast den Thron deiner Herrlichkeit verlassen und zwischen Krippe und Kreuz die Härte des Lebens ertragen. Als Zeichen dieser Verbindung zu uns haben wir die goldene Wetterfahne mit der Kugel und der Kreuzblume aufgerichtet.

II   Du, unser Gott, hast unverbindliches Leben gemieden und verbindliches vorgelebt. Du hast unversöhnliche Gegensätze zwischen Menschen und Völkern aufgelöst. Du schaffst in jeder Generation neue Verbindungen, Verständnis und Versöhnung. Lass die Wetterfahne wie eine Antenne zu dir über der Stadt stehen.

III So schaffe uns und unsere Erde neu nach deinem Willen und schenke uns, was wir zum Leben brauchen: Gesundheit und Frieden, Arbeit und Brot, Wahrheit und Klarheit und den Blick für das Mögliche und Nötige in unseren Tagen.

IV Richte alle auf, die niedergeschlagen sind und zeige denen Wege, die nicht weiterwissen und die Gemeinschaft der Menschen meiden. Begrenze Willkür und Hochmut, Herrschsucht und Gedankenlosigkeit der Leitenden und Verantwortlichen.

V   Lass uns heute unbeschwert feiern und dann fröhlich in die Ferienzeit gehen. Bewahre uns vor Unfall, Leichtsinn und Übermut und lass uns gestärkt und erholt an Leib und Seele zurückkehren in den Alltag.

VI Du, unser Gott, hast Himmel und Erde verbunden, die Zeit mit der Ewigkeit, das Gericht mit der Gnade. So verbinde uns mit dir und lass uns wachsen und reifen, dass wir Flagge zeigen, wenn es um dich geht in unserem Leben und um deine Sache auf der Erde.
Lass uns am Ende unserer Tage ein erfülltes Leben zurücklegen in deine Hand.

L   Wir beten gemeinsam:

Vater unser im Himmel, ...

■ Beim Waldgottesdienst

Dieses Gebet ist für eine Gruppe gedacht, die mit einer Liturgin/einem Liturgen im Halbkreis hinter einem Altartisch steht und diesen Tisch auch durch besonderen Schmuck aus der natürlichen Umgebung zur stillen Mitte werden lässt.

AUFFORDERUNG durch L

L Bevor wir im Gebet aussprechen, was uns bewegt, wollen wir wahrnehmen, wo wir sind. Wir hören die Geräusche des Windes und des Waldes und werden still. Wir erleben die Wohltat des Schweigens in der Gemeinschaft und sprechen nach jedem Satz des Gebetes:
Herr, erhöre und bewahre uns!

GEBET:

I Herr, du großer, guter Gott!
Lass uns in dieser weiten, bunten Welt unter freiem Himmel deine Nähe als Trost und Freiheit von allen Zwängen erfahren. Wir vertrauen uns dir an und rufen zu dir:

Herr, erhöre und bewahre uns!

II Lass uns die ursprüngliche Harmonie wahrnehmen, die du in jedem von uns angelegt hast und die zu dir und deiner Schöpfung gehört. Um die starken, guten Kräfte deiner Schöpfung in unserem Leben bitten wir:

Herr, erhöre und bewahre uns!

III Wir danken dir für die Vielfalt, in der du uns geschaffen hast und leben lässt. Wir öffnen uns, um Kraft zu empfangen, wie sich die Blumen zur Sonne hin öffnen. Wir danken dir für die Weite, für die Gemeinsamkeit in der Vielfalt deiner Welt und bitten dich:

Herr, erhöre und bewahre uns!

IV Behüte alle, die in diesen Wochen auf Reisen sind und Erholung
suchen. Lass alle suchenden Menschen finden, was sie wirklich brauchen. Hilf uns, Abstand zu gewinnen, Altes loszulassen und Neues
anzupacken. Wir bitten dich:

Herr, erhöre und bewahre uns!

V Wir denken an alle, die es schwer haben in diesen Wochen, die traurig
sind unter deiner Sommersonne oder ein verborgenes Leid in sich
tragen, dass sie sich dir öffnen können und auch die Brücken menschlicher Nähe nicht ausschlagen. Wir bitten dich:

Herr, erhöre und bewahre uns!

VI Wir bitten dich für diejenigen, die sich auf eine Operation vorberei-
ten oder denen die Nachbehandlung lang wird, die grübeln und
nach dem Sinn des Leidens fragen. Lass uns mit ihnen eine neue
Sicht des Lebens gewinnen, die uns Krankheiten annehmen und
Ruhe zu einer erfüllten Zeit werden lässt. Wir bitten dich:

Herr, erhöre und bewahre uns!

L Herr, ermutige und begleite alle, die hier mit uns beten, Junge und
Alte, Zaghafte und Mutige, heute und alle Tage unseres Lebens und
lass uns den Segen spüren, den wir in uns tragen.

Wenn kein Vaterunser folgt, sprechen alle gemeinsam: Amen.

■ Abschied vom Kindergarten

Die Gegenüberstellungen können von einer zweiten Beterin/einem zweiten Beter gesprochen werden. Sie/er sollte auch den Schluss mit dem Vaterunser übernehmen.

AUFFORDERUNG   durch eine/n Beter/in

Werdet still, faltet die Hände und betet mit mir/uns.

GEBET

I   Unsere Kinder, Herr, wissen wir in deiner Obhut und danken dir für das Geleit und allen Beistand in den vergangenen Jahren. Beschütze sie auch weiterhin auf allen ihren Wegen – auch auf den Abwegen, je größer sie werden, um so mehr.

II Lass uns Eltern, Paten und Großeltern aber noch mehr erkennen

in allem Anfang	(I) das Ziel der Vollendung
im Wachsen der Kinder	(I) die Reife nach deinem Willen
in unseren Teilbereichen	(I) dein Ganzes der Entfaltung ihrer Persönlichkeit
in unserer Hoffnung	(I) deine Erfüllung.

II Schenke uns für unsere Kinder den liebevollen Blick,

bei ihren Eigenarten   (I) für deine Besonderheit und
                                      Vielfalt

bei unserem guten Willen   (I) für deinen besseren Weg

bei unserem Planen   (I) für die Umrisse deines Zieles für
                                      jedes Kind

und bei unserem Versagen   (I) für das Vertrauen auf deine
                                      Vergebung.

II Wir leben in allem von deiner Liebe. Deshalb wissen wir unsere Kinder bei dir geborgen.

nach einer Zeit der Stille beginnt Beter/in I ohne Aufforderung:

Vater unser im Himmel, ...

Gottesdienst für Schulanfänger

Auf Gestaltungsvorschläge wird hier verzichtet. Die Beter/innen geben dem Gebet die Gestalt.

AUFFORDERUNG   durch eine/n Beter/in

Betet mit uns und sprecht nach jedem Satz des Gebetes gemeinsam:
Lieber Gott, ich danke dir!

GEBET

Herr, du großer, guter Gott, du hast uns lieb und bist bei uns alle Tage.
Lieber Gott, ich danke dir!

Du, Gott, sorgst für uns und hast uns und unseren Kindern in all den Jahren gegeben, was wir brauchen.
Lieber Gott, ich danke dir!

Du gibst uns Augen, um auch das Schöne zu sehen, Hände, um Gutes zu tun und eine Stimme zum Loben und Singen.
Lieber Gott, ich danke dir!

Wir Älteren freuen uns an den Kindern, die Kinder sind dankbar für die Eltern, Geschwister und Großeltern und wir alle für friedliche Zeiten.
Lieber Gott, ich danke dir!

Gott, du bist ein guter Vater von all deinen Kindern auf der Welt. Du willst, dass alle satt zu essen haben und etwas Sinnvolles lernen können.
Lieber Gott, ich danke dir!

Du willst nicht, dass jeder immer nur an sich selbst und seinen Erfolg denkt. Du willst nicht, dass Einzelne von anderen geärgert und gequält werden. Du willst alle Kinder zu einer guten Gemeinschaften in der Klasse zusammenbringen.

Lieber Gott, ich danke dir!

Du, Gott, hältst deine Hand über unsere Kinder, du bewahrst sie im Straßenverkehr täglich vor vielen Gefahren, du bewahrst uns vor Leichtsinn und Übermut.

Lieber Gott, ich danke dir!

Begleite nun unsere Schulanfänger bei diesem großen Schritt zu neuen Erfahrungen, Einsichten und Erkenntnissen. Wir befehlen Lehrer und Schüler deinem Schutz. Sei und bleibe du bei uns. Stärke die Verantwortung von uns Eltern für die Erziehung der Kinder in allen Schuljahren! Darum bitten wir dich, du großer, guter Gott, und beten gemeinsam:

Vater unser im Himmel, …

Wenn kein Vaterunser folgt, sprechen die Beter/innen gemeinsam: Amen.

◼ Internationaler Musikgottesdienst

Dieses Gebet ist für eine/n Liturgen/Liturgin gedacht und zwei bis sechs Beter/innen, die Deutsch sprechen können, aber nicht deutscher Muttersprache sein müssen (Teil 1-6). Das gemeinsame Sprechen des Vaterunsers ist vorzubereiten, um einen Sprechrhythmus in den verschiedenen Sprachen zu finden. Der Zwischengesang „Lobet und preiset, ihr Völker..." (EG 337, 1. Zeile) kann auch mit einem anderen lobpreisenden Gesang oder instrumental ausgeführt werden. Dann sollten die Instrumente nach Gruppen wechseln.

AUFFORDERUNG   durch L

> Steht auf und singt nach jedem Teil des Gebetes die Zeile, die ich jetzt vorsinge/jetzt vorgesungen wird:
> *Lobet und preiset, ihr Völker, den Herrn.*

GEBET

L   Herr, wir bitten dich für alle, die heute mit unserer Gemeinde Gottesdienst feiern, aus ... (Deutschland, England und Holland, von der Jugendmusikwoche aus Griechenland, Bosnien, Dänemark und Italien ...). Mit einer Stimme preisen wir dich:

> *Lobet und preiset, ihr Völker, den Herrn.*

I   Bewahre uns davor, den Sinn des Lebens im Wohlstand und in der Vermehrung des Besitzes zu suchen. Lass uns aus deinem Geist des Verstehens und der Freundschaft leben und dich ehren mit unseren Stimmen und Instrumenten:

> *Lobet und preiset, ihr Völker, den Herrn.*

II Wir danken dir, dass es überall auf der ganzen Welt Christen gibt, dass Glauben gelebt wird und das kleine Pflänzchen Hoffnung wächst nach deinem Willen. Wir freuen uns und singen:

> *Lobet und preiset, ihr Völker, den Herrn.*

III Auch an die Menschen denken wir, deren Gottvertrauen verkümmert ist, die Hoffnung und Glauben verloren haben und nur aus eigenen Kräften das Leben gestalten wollen. Um deine stille Nähe bitten wir dich und singen:

Lobet und preiset, ihr Völker, den Herrn.

IV Beschirme den Weg der Völker zueinander, stifte echte Ökumene der Christen. Lass uns überall das Gebet Jesu für die Einheit der Kirche hören und in seinem Geist Versöhnung leben, Verständnis fördern und Frieden halten, damit die Welt glauben kann und in das Gotteslob einstimmt:

Lobet und preiset, ihr Völker, den Herrn.

V Lass uns aber auch den geistlichen Reichtum erkennen, der aus der Verschiedenheit der Völker und Kulturen, der christlichen Konfessionen und menschlichen Sprachen erwächst. Bewahre Junge und Alte vor geistloser Gleichmacherei, vor Nationalismus und Überheblichkeit. Darum singen wir gemeinsam:

Lobet und preiset, ihr Völker, den Herrn.

VI Herr, unser Gott, höre unser Bitten und unseren Dank. Hilf jedem an seinem Ort. Lass in jedem Menschen und in allen Völkern wachsen, was nach deinem Willen geschieht, und schenke uns den Geist der Erneuerung und des Vertrauens. So singen wir alle:

Lobet und preiset, ihr Völker, den Herrn.

L Wir schweigen gemeinsam vor dir und beten dann dein Gebet, jeder in seiner Muttersprache. We have silence now and then we pray the Lord's prayer, everybody in his own language.

Stille

Ohne weitere Ankündigung, aber in gleicher Lautstärke, beginnen mehrere Beter/ innen gemeinsam – und langsam – in unterschiedlichen Sprachen:

Pater noster, qui es in caelis, …/Our Father in heaven, …/Vater unser im Himmel, …/Notre Père, qui es aux cieux, …

◼ Chor- und Kantoreijubiläum

Musik zur Ehre Gottes und zum Aufbau der Gemeinde – das ist das Thema des Gebetes für eine/n Liturgen/Liturgin und zwei oder drei Beter/innen. Der Kanon wird zwei Mal ganz gesungen.

AUFFORDERUNG durch L

> Jetzt vor den Fürbitten und nach der letzten Bitte singen wir *Danket, danket dem Herrn ...* als Kanon (EG 336), nach den einzelnen Bitten nur die ersten vier Worte.

GEBET

I Barmherziger Gott und Vater: Deine Nähe und Begleitung erfahren wir lebenslang. Seit ... (Zahl der Jahre des Jubiläums) Jahren singen und musizieren wir zu deiner Ehre, den Menschen zur Freude und uns zur Stärkung. Lass uns heute und alle Tage dankbar dich preisen:

> *Danket, danket dem Herrn!*

II Seit Jahrhunderten wird hier mitten in der Stadt dir zum Lob gebetet und gesungen. Du hast uns viele alte Kirchen bis heute erhalten, damit deine Ehre ihren Raum in unserer Welt habe. Wir danken dir und singen:

> *Danket, danket dem Herrn!*

I Du, Gott, lässt uns eine große Tradition in unseren Tagen fortsetzen: Unsere Stimmen zu erheben, unsere Instrumente zu spielen, dir zur Ehre, zur Ermutigung und zum Trost aller Menschen. Wir danken dir und singen:

> *Danket, danket dem Herrn!*

II Wir nehmen auf, was du, Gott, in Gang gesetzt hast. Du hast der Welt den Klang und uns die Stimmen gegeben. Du hast uns Instrumente bauen und Harmonie erkennen lassen. Wir antworten dir mit unseren geringen Gaben und Kräften und singen:

Danket, danket dem Herrn!

I   Dank und Lob und Bitte fließen heute ineinander, weil uns der große Auftrag bewusst wird, den du uns gegeben hast: In Frieden schon jetzt am Gesang der Engel in unserer friedlosen Welt teilzuhaben und hinzuweisen auf den Jubel in deinem ewigen Reich. Wir danken dir und singen:

Danket, danket dem Herrn!

II Wir denken vor dir an alle Menschen, die dein Lob singen, in der Vielfalt der Völker und Kontinente. Wir freuen uns über alle Gemeinsamkeit unter den Menschen und erkennen, dass du die Umrisse deines Reiches auf unserer Welt sichtbar werden lässt. Wir loben dich, danken dir und singen:

Danket, danket dem Herrn!

L   Herr, nimm alles, was uns bewegt, in deine Hand. Begleite diejenigen, die Trost brauchen. Nimm dich der dunklen Dinge des Lebens an, steh Kranken und Sterbenden bei und lass am Ende alle einstimmen in den Jubel, der grenzenlos ist und uns Anteil gibt an deiner Herrlichkeit. Amen.

Danket, danket dem Herrn, …

■ Ordination und Einführungen

(auch in Schwestern- und Bruderschaften)

> Die Antwort der Gemeinde und der Eingeführten ist die Stille vor Gott.
> Das Gebet muss immer auf die jeweilige Situation bezogen werden.
> Zwei Beter/innen können es auch im Wechsel sprechen.

AUFFORDERUNG

I   Betet in der Stille mit uns.

GEBET

I   Gott, du unser Gegenüber, du Gegenwärtiger und Verborgener; du
rüttelst uns auf und gliederst uns ein in dein wanderndes Volk.

Stille

II   Du nimmst uns in deinen Dienst, stellst jeden an seinen Platz und
offenbarst uns dein Ziel. Du gibst uns den Raum, den jeder zum
Leben braucht, und lässt uns auf das Ziel hin wachsen und reifen,
das du der ganzen Welt gesteckt hast.

Stille

III   Wir danken dir für die Fülle des Lebens, für das Umgreifende, das
du uns schenkst. Wir selbst sind geborgen in deiner Schöpfung – und
ergriffen von dir.

Stille

Bei Kommunitäten und geistlichen Gemeinschaften:

I   Ich danke dir, dass es andere Lebensformen gibt als meine. Ich danke
dir, dass du unsere Kirche neu beschenkt hast mit geistlichem Leben in
der Gemeinschaft (Kommunität), in Stille und Konzentration.

Stille

II Wir danken dir, Gott, dass sich das Leben in der Ehe, in der Familie und Partnerschaft und in den Gemeinschaften von Brüdern und Schwestern gegenseitig bedingt und ergänzt.

Stille

III Wir danken dir für alle Aufgaben, die du (den Pfarrer/inne/n, den Diakon/inn/en, den Mitarbeiter/inne/n) in deiner Kirche gestellt hast. Lass ... (Namen der/des Eingeführten) ihren/seinen Auftrag annehmen und in den Gemeinden zu einem Hoffnungszeichen deiner Gegenwart werden.

Stille

I An viele einzelne Menschen denken wir in ihrer inneren und äußeren Not. Weil wir wissen, wie klein unsere Kräfte sind und wie langsam deine Saat in uns aufgeht, bitten wir um die Kraft deines Geistes.

Stille

II Stärke und bewahre uns in dieser Welt, lass wachsen und reifen, was nach deinem Willen ist. Lass uns die wirkliche Not unserer Zeit und unseres reichen Europas erkennen und ihr aus der Kraft deiner Verheißung abhelfen.

Stille

III Lass uns als dein wanderndes Volk durch die Zeiten gehen, deine Verheißungen und Warnungen weitergeben, damit die Welt von deiner Erlösung, von deiner Gnade und Liebe weiß und den Weg deines Friedens findet. Du lebst und wirkst in alle Ewigkeit.

Die drei Beter/innen sprechen gemeinsam: Amen.

Frauenhilfe – Jubiläum

Gesungene Fürbitte mit Kyriegesang der Gemeinde nach Taizé (EG 178.12) und der Notierung im „Gebet nach Taizé" (EG-NB 789.6; EG-BT 725 ohne Notierung).
Das Vaterunser wird gesprochen und ohne Aufforderungen nach dem letzten Kyrie begonnen, auch wenn das ganze Gebet gesungen worden ist.

Bei der gesprochenen Form wird aufgefordert: „Betet mit uns und singt nach jedem Satz ‚Kyrie eleison' nach der Melodie aus Taizé". Sonst wird das Kyrie einmal vorweg gesungen.

Wir denken an alle Menschen guten Willens, die Glauben wagen in unserer Zeit. Herr, wir bitten dich:

Kyrie eleison.

Richte dein Reich auf mitten unter uns in … (Name des Ortes) und lass deinen Frieden wirken in unseren Familien. Herr, wir bitten dich:

Kyrie eleison.

Wir gedenken vor dir an die Gründerinnen unserer Frauenhilfe und an alle, die Verantwortung getragen haben über … (Zahl der Jahre) Jahre. Herr, wir bitten dich:

Kyrie eleison.

Halte deine Hand über die … (Name)-Gemeinde, ihre Kreise und Gruppen. Für alle Menschen, die ihre innere Heimat hier gesucht und gefunden haben, bitten wir dich:

Kyrie, Kyrie eleison.

Hilf du selbst den alten Menschen und trage ihr Altwerden. Dass auch die Jugend die Kraft des Glaubens erkenne, bitten wir dich:

Kyrie, Kyrie eleison.

Schütze ehrliche Arbeit, fröhliche Familien und alle Menschen, die glaubwürdig und bescheiden leben. Herr, wir bitten dich:

Kyrie, Kyrie eleison.

Lass deine Quellen des Lebens nicht versiegen. Dass die Kräfte wirksam werden, die von dir ausgehen, bitten wir dich:

Kyrie, Kyrie eleison.

Schenke uns allen den Blick für die Nöte unserer Zeit. Gib Kraft zur Hilfe, wie vor ... (Zahl der Jahre) Jahren. Herr, wir bitten dich:

Kyrie, Kyrie eleison.

Befreie uns von der Einsamkeit des Herzens und den kreisenden Gedanken des Grübelns. Herr, wir bitten dich:

Kyrie, Kyrie eleison.

Schenke Gemeinschaft allen Generationen in unserer Gemeinde und sinnvolle Aufgaben in unserer Zeit. Herr, wir bitten dich:

Kyrie, Kyrie eleison.

Stärke uns mit allen, die dein Brot essen und aus deinem Kelch trinken. Für Versöhnung bei aller Verschiedenheit bitten wir dich:

Kyrie, Kyrie eleison.

Lass uns nach deinem Willen leben und den Segen entfalten, den du in jeden von uns seit der Taufe gelegt hast. Herr, wir bitten dich:

Kyrie, Kyrie eleison.

Vater unser im Himmel, ...

■ Mit Vereinen

Vereinsmitglieder sprechen die Gebete I-VI und stehen links und rechts neben dem Pastor/der Pastorin am Altar. Nach jedem Abschnitt können die Beter auch sagen: „Wir bitten dich". Die ganze Gemeinde spricht dann gemeinsam: „Herr, erhöre unser Gebet!"

AUFFORDERUNG

Die Beter/innen legen ihre Texte auf dem Altar ab und wenden sich zur Gemeinde. P spricht: „Betet in der Stille mit uns!" Dann wenden sich alle Beter/innen wieder zum Altar und Beter/in I beginnt mit dem Gebet.

GEBET

I   Herr, unser Gott, wir sind einzelne Menschen und zugleich als Gemeinschaft vor dir versammelt. Du bist bei uns, auch im Alltag, ob wir das immer merken oder nicht. Lass uns deine Güte wahrnehmen und uns freuen an diesem Wochenende (oder eine andere Konkretion). Schenke gute Gemeinschaft auch über die Generationen hinweg, damit keiner dem anderen fremd bleibt.

II Wir gedenken unserer Väter (Vorfahren), die unseren Verein … (Name und Gründungsjahr) gegründet haben. Aus der Geschichte merken wir, dass wir eingebunden sind in den Strom der Zeit und alles sein Ziel hat und sein Ende findet. Lass uns unsere Lebenszeit sinvoll auf dieser Erde verbringen, gute Gemeinschaft pflegen und über all den kleinen Aufgaben das große Ziel des Lebens nicht aus den Augen verlieren.

III Wenn uns die Grauzonen des Lebens, wenn uns Lasten und Wunden vor Augen stehen, wenn uns Mitverantwortung oder Schuld bewusst werden, dann schenke uns deinen Beistand und den Blick für deine andere Welt, in der wir geborgen sind, in der wir Trost und Vergebung finden.

IV Herr, gib uns die Kraft, mit dem Geschenk des Lebens, mit deinem Licht und mit deiner Wahrheit so umzugehen, wie du das gedacht hast. Wir sind dankbar für alle, die sich ehrenamtlich einsetzen, die in Ruhe das Geschick ... (Name des Vereins) in die richtige Richtung lenken.

V   Wir befehlen deinem Schutz unsere Städte und Dörfer, die Nachbarvereine, unser Volk und alle Völker. Gib Frieden in unseren Tagen und fahre dazwischen, wo sich Menschen der Feindschaft, dem Hass und am Ende dem Terror und dem Bürgerkrieg verschrieben haben.

VI Begleite mit deinem Segen, was wir an diesem Wochenende (oder eine andere Konkretion) tun; sei mit deinem Licht in unseren Herzen und Häusern; wecke Glaube, Hoffnung und Liebe, solange wir auf deiner Erde leben dürfen.

P   Darum bitten wir dich durch Jesus Christus, der von dir kommt und wie ein Sohn in deinem Geist lebt und Leben schafft: Wir sprechen alle gemeinsam mit seinen Worten:

Vater unser im Himmel, ...

Schützenfest, Schützenjubiläum

Die Gebete I und II werden durch Schützenbrüder, -schwestern gesprochen.
Die sechs Abschnitte können auch auf drei oder sechs Beter/innen aufgeteilt
werden.

Die Beter/innen treten bei der letzten Liedstrophe zum Altar und legen ihre Text-
blätter auf den Altar.

L   Wir wenden uns zu Gott und sprechen nach jedem Satz des
    Gebetes: Herr, erhöre unser Gebet. Betet mit uns!

I   Herr, du großer Gott, du gehst vor uns her durch die Zeiten. (Bei
    Jubiläumsjahren Zeitangabe:) (… Jahre sind eine lange Zeit.) Du hältst
    deine Hand über uns, damit wir leben, arbeiten und feiern können
    auf dieser Erde. Wir sind dein Volk und rufen zu dir:

    Herr, erhöre unser Gebet!

II Jeder Mensch kann Recht und Unrecht, Ehrlichkeit und Betrug,
    Treue und Untreue unterscheiden. Stärke die guten Kräfte in uns.
    Gib uns den Mut zum Widerstand gegen das Böse in uns und um
    uns herum. Damit unser Leben gelingt, rufen wir zu dir:

    Herr, erhöre unser Gebet!

I   Erhalte unser Volk und Land, stärke alle Frauen und Männer, die
    öffentliche Verantwortung tragen, damit wir in Ruhe und Sicherheit
    leben können, wenn sich deine Ordnung in unseren Gesetzen
    widerspiegelt. Lass uns Menschen nach deinen Geboten leben. Wir
    bitten dich:

    Herr, erhöre unser Gebet!

II Schütze die Schützen und alle Bürger und Gäste unserer Stadt. Ermutige die Mutigen und stärke die Zaghaften, damit wir aus den guten Werten der Tradition unsere Aufgaben für heute erkennen und mit deiner Hilfe den Weg in die Zukunft finden. Darum bitten wir:

Herr, erhöre unser Gebet!

I Gib uns Mut zum Glauben und damit den Schlüssel zum Leben. Du bist treu, lass auch uns treu sein in Glaube, Hoffnung und Liebe, damit wir leben können. Lass uns die gute Tradition der Sebastians-Bruderschaften aufnehmen, und heute als Schwestern und Brüder füreinander da sein. Darum bitten wir:

Herr, erhöre unser Gebet!

II Herr, du großer, guter Gott, die ganze Stadt feiert mit uns. Führe uns zusammen und lass keinen einsam bleiben. Bewahre uns vor Unfall und Übermut, halte unser Leben in deiner Hand, schenke uns unbeschwerte und fröhliche Tage. Sei bei uns, wenn wir jetzt das Gebet deines Sohnes sprechen:

L beginnt:

Vater unser im Himmel, …

◼ Bei einer Hubertusmesse

Zwei bis sechs Jäger/innen beten neben dem/der Liturgen/Liturgin am Altar die Abschnitte des Gebetes. Alle können auch einen Halbkreis bilden. Bei einer Hubertusmesse im Freien mit Streckelegen und Jagdsignalen stehen die Beter/innen beim Baumkreuz (Birken- oder Fichtenkreuz).
Das „Herr, erbarme dich" kann auch nach EG 178.11 (P. Janssens) gesungen werden.

L   Lasset uns beten zu Gott, der uns Menschen auf immer die Treue hält.

I   Für alle, denen die Zeichensprache Christi nicht verborgen bleibt, denen heute das Kreuz zum Hinweis auf ihren Lebensstil wird. Lasst uns die Hubertuserfahrungen nicht verdrängen und das Leben nach Gottes Weisung gestalten. Lasst zum Herrn uns rufen:

Herr, erbarme dich.

II Für all die Menschen, die Tag für Tag ihre Pflicht tun, deren Größe in ihrer Treue im Kleinen liegt, dass jeder froh wird an dem Platz, an dem er steht und dass alle auch die Liebe und Achtung erfahren, durch die unser Leben erst erfüllt und glücklich wird. Lasst zum Herrn uns rufen:

Herr, erbarme dich.

III Für die Menschen, ob jung oder alt, die sich ein Ziel gesetzt und aufgemacht haben, die Schönheit der Welt zu entdecken, wie einst Hubertus in den Ardennen. Dass sie bereichert in ihren Alltag zurückkehren und dankbar den Schöpfer verehren. Lasst zum Herrn uns rufen:

Herr, erbarme dich.

IV Für alle jungen Menschen und Jungjäger, die nach ihrer Aufgabe suchen und nach dem Sinn des Lebens fragen, dass sie Gottes Antwort ernst nehmen und ihr Ziel im Auge behalten. Dass sie Mut fassen und durch ihre Kenntnis und Tüchtigkeit etwas Sinnvolles leisten. Erfülle ihre Herzen mit Dankbarkeit gegenüber denen, die bisher für sie gesorgt und sie erzogen haben. Lasst zum Herrn uns rufen:

Herr, erbarme dich.

V Für uns Christen, die wir auf vielerlei Weise versuchen, Gott zu dienen; dass wir uns in gleicher Weise umeinander bemühen und aufhören, in den Konfessionen miteinander zu streiten und uns gegenseitig zu verurteilen. Lasst zum Herrn uns rufen:

Herr, erbarme dich.

VI Für die Weltmächte, die eine neue Ordnung suchen: dass sich die Sehnsucht der Menschen und das Wort des Propheten doch einmal erfülle, dass die Schwerter zu Pflugscharen werden und die Völker ihre Macht und Stärke nur für den Frieden und das Wohl aller Menschen einsetzen. Lasst zum Herrn uns rufen:

Herr, erbarme dich.

L Herr, unser Gott, es ist so leicht, von der Liebe zum Nächsten zu reden und von der Sehnsucht nach Friede – und so schnell vergessen, was das wirklich bedeutet: ohne Vorbehalt für seine Mitmenschen da zu sein. Lass unsere Welt nach deiner Verheißung zu einer Welt ohne Hass und Furcht werden, zu einer Welt, in der wir wieder deine Nähe spüren. Steh jedem auf dem Weg durch das Leben bei und schenke uns die Vollendung in dir.

nach einer angemessenen Zeit der Stille beginnt L ohne jede Aufforderung:

Vater unser im Himmel, ...

■ Totenehrung

Totenehrungen sind sehr stark auf den Anlass, den Teilnehmerkreis und die Menschen bezogen, deren gedacht wird. Sie müssen individuell gestaltet werden. Andererseits folgt ein würdiges, christliches Gedenken der Toten in der versammelten Gemeinschaft der (Über-)Lebenden einer Ordnung und Abfolge, die an diesem Beispiel erkennbar wird.
Anlass: ostdeutsches Heimattreffen in der westdeutschen Patenstadt. Totenehrung nach dem Gottesdienst an einem entsprechenden Gedenkstein.

Ggf. Musik zum Beginn

ANREDE / HINFÜHRUNG

Meine sehr verehrten Damen und Herrn, liebe Teilnehmerinnen und Teilnehmer am/an … (Bezeichnung der Veranstaltung)!
Wir alle kennen den 23. Psalm: „Der Herr ist mein Hirte … " und den Vers: „Und ob ich schon wanderte im finstern Tal, mir wird nichts mangeln!" – das ist die eine Erfahrung.
Unmittelbar davor steht im 22. Psalm die andere Erfahrung vom Grauen und unentrinnbaren Leiden. Jesus selbst hat am Kreuz Worte aus diesem 22. Psalm zu seinen eigenen und zum Stoßgebet aller Leidenden gemacht. (Die/der – unser/e Vorsitzende/r unseres/des Kirchenvorstandes) Frau/Herr … (Name) betet für uns alle diesen 22. Psalm. Betet in der Stille mit ihr/ ihm!

PSALMGEBET (22. Psalm)

TOTENGEDENKEN

Wir gedenken heute hier in … (Name der Stadt) in Frieden, Freiheit, Selbstbestimmung und Rechtssicherheit aller Menschen aus … (Name der ostdeutschen Stadt) und seiner Umgebung, die im Krieg, durch Gewaltherrschaft, die Vertreibung und Entrechtung ihr Leben verloren haben.

Wir gedenken der ... (Name der ostdeutschen Stadt) Soldaten, die in beiden Weltkriegen des nun vorigen Jahrhunderts gefallen, ihren Verwundungen erlegen oder in der Gefangenschaft umgekommen sind und denen in ... (Name der ostdeutschen Stadt) kein Ehrenmal gewidmet sein kann.

Wir gedenken der Frauen und Männer, der Greise, Kinder und neu Geborenen, die in der Folge des Krieges, auf der Flucht, bei der Vertreibung und unterwegs im Treck ihr Leben lassen mußten.

Wir gedenken all derer, die im Kreis (Name der ostdeutschen Kreisstadt) durch die nationalsozialistische Gewaltherrschaft vor der Vertreibung verfolgt, ruiniert, deportiert und ermordet worden sind.

Wenn wir ihrer aller gedenken, dann sind wir bis heute betroffen und trauern. Wir verneigen uns in Ehrfurcht, Liebe und Stille.

Wir verharren angesichts der Größe und Summe all des genannten und ungenannten Unrechts und Leidens in Schweigen.

angemessene, lange Stille und tiefes Verneigen des Sprechers

Wir trauern, doch wir leben in der Hoffnung auf Versöhnung unter den Menschen und Völkern. Wir bitten Gott um Vergebung aller Schuld, die von den beteiligten Menschen und Völkern ausgegangen ist, damit aus der Vergebung Gottes unter uns etwas Neues wachsen kann, das im Verhältnis unserer Völker Verheißung und Bestand hat.

KRANZNIEDERLEGUNG   ggf. mit Trauermusik

Als äußeres Zeichen des Gedenkens legen wir diesen Kranz nieder.

SCHLUSSGEBET: VATERUNSER

Mit dem gemeinsamen Gebet des Herrn schließen wir dieses Gedenken unserer Toten ab. Betet alle mit mir:

Vater unser im Himmel, ...

Ggf. Musik zum Abschluss

Intensives Gebet – Handauflegung und Salbung

Diese Form des Betens kommt mit ganz wenigen Worten aus, will aber in kleinen Gruppen erarbeitet und erfahren werden. Erst wenn diese Art länger praktiziert worden ist und ein kleinerer Kreis gute Erfahrungen damit gesammelt hat, kann auch ein größerer Kreis in einem *Segnungsgottesdienst* mit dieser Gebetsform bekannt gemacht werden. Wichtig ist, dass für längere Zeit Nachgespräche möglich sind, bei denen jeder sein Befinden, sein Unwohlsein und seine positiven Gefühle äußern kann. Die folgende Beschreibung der Gebetsform mit Salbung ist für Menschen bestimmt, die diese Art des Betens praktisch erlernen möchten. Dazu gehört, dass diese Personen auch selbst immer wieder Salbungen empfangen.

Salbungen sind Segenshandlungen an fröhlichen, gesunden Menschen und ebenso an kranken oder traurigen Menschen. In der Bibel ist das tief begründet: „Du salbest mein Haupt mit Öl und schenkest mir voll ein. Gutes und Barmherzigkeit werden mir folgen mein Leben lang und ich werde bleiben im Hause des Herrn immerdar." (Ps 23,5b.6) Im Jakobusbrief steht: „Leidet jemand unter euch, der bete; ist jemand guten Mutes, der singe Psalmen. Ist jemand unter euch krank, der rufe zu sich die Ältesten der Gemeinde, dass sie über ihm beten und ihn salben mit Öl in dem Namen des Herrn." (Jak 5,13.14). Wie sehr das Salben mit dem „Versiegeln" eines Menschen, mit der Gabe des Heiligen Geistes und der Entfaltung seiner Kraft in uns zu tun hat, steht im 2. Korintherbrief (1,21.22).

In unserer modernen Welt wird vieles „versiegelt", z. B. der Parkettfußboden, wenn viel auf ihm herumgetreten wird. Was geschieht aber mit unserer Seele und unserem Gewissen, wenn darauf herumgetrampelt wird? Damit wir als Geschöpfe Gottes bewahrt bleiben und uns auf den „neuen Himmel und die neue Erde" (Offb 21,1) freuen können, dürfen wir diese intensive Form des Gebetes mit Salbung und Segnung erlernen und praktizieren. Wenn eine Gemeinde in breiterer Weise diese Form des Betens möglich machen möchte, dann sollten die Pfarrerinnen und Pfarrer auch beim Elternsegen am Ende der Taufe die Täuflinge salben und vor der Konfirmation mit Jugendlichen und Konfirmanden gemeinsam Segnungsgottesdienste feiern, in denen diese Form praktiziert wird.

Die Eltern von Kleinkindern haben einen ganz unmittelbaren Zugang zu diesem Segenszeichen, weil sie das „Salben" an jedem Abend nach dem Baden des Kindes praktizieren.

Zum Salben braucht man wenig Öl. Chrisam oder reines Olivenöl wurde in biblischer Zeit gebraucht, auch anderes, gutes, reines Pflanzenöl kann genommen werden. Stark riechende Öle sollten nicht verwendet werden. Von dem Öl wird etwas in eine geeignete Schale gegossen. Dort werden zwei Finger leicht eingetaucht (Zeige- und Mittelfinger), überschüssiges Öl muss abtropfen.

Mit diesen beiden Fingern wird gesalbt, in ruhigen, kreisenden Bewegungen auf der Stirn und auf dem Handrücken oder in den Handinnenflächen dessen, der die Salbung empfängt. Diese kreisende Bewegung kann jeweils mit einem Kreuzzeichen abgeschlossen werden. Beides ist möglich, die Handinnenflächen oder die Handrücken zu salben. Auf dem Handrücken wird die Salbung nicht so schnell wieder abgewaschen. Das Zeichen weist darauf hin: Gesalbte bleiben versiegelt und bewahrt. Bei der Salbung der Handinnenflächen wird die Stärkung verdeutlicht, zum Anpacken und zur Tat.

Wenn es irgendwie möglich ist, sollte nicht eine Person allein die anderen salben. Bewährt hat sich folgende Praxis:

Auf einem Stuhl – gern auch mit Armlehnen – nimmt die Person entspannt Platz, die gesalbt werden möchte.

Zwei andere werden tätig, die Erfahrungen mit dem Salben gesammelt haben. Eine/r steht einfach nur neben der Person, die auf dem Stuhl sitzt (Beistand, Beter/in), und legt ihr schweigend eine Hand leicht, aber merklich, auf den Kopf und die andere Hand in den Nacken und betet in der Stille (s.o. Jak 5,14). Das Gebet ist die eine Sache, die Salbung ist die andere, aber beides gehört zusammen.

Die Beterin/der Beter fragt, wenn die Person, die gesalbt werden möchte, entspannt Platz genommen hat: „Möchtest du sagen, wofür wir beten sollen?" Dann kann die zu salbende Person Anliegen oder Themen für das Gebet nennen, muss es aber nicht.

Die Beterin/der Beter kann das Gesagte in einem leisen Gebet in Worte fassen, die nur die Drei hören. Die Anliegen können aber auch wortlos aufgenommen und in einem allgemeinen Gebet, einem Bibel- oder Gesangbuchvers und ebenso im stillen Gebet „bearbeitet" werden. Die Kraft des Gebetes ist bei dieser Form durch die Hände spürbar. „Das Gebet des Gerechten vermag viel, wenn es inständig ist" (Jak 5,16b; rev. Luther-Text 1975).

Die/der Salbende spricht die Segensworte selbstverständlich hörbar. Bei dieser intensiven Gebetsform werden nur ganz wenige Worte gebraucht. „Wenn ihr betet, dann plappert nicht wie die Heiden ... ", sagt Jesus Mt, 6,7.

Gerade auch der oder diejenige, die das Auflegen der Hände und die Salbung an sich geschehen lässt, hat dabei Zeit und Ruhe, alles im stillen Gebet vor Gott auszusprechen, was Freude oder Sorge bereitet, was angenehm oder belastend erlebt wurde. Der Mensch, der gesalbt wird, kann das Beten und Salben ganz aktiv mitvollziehen, sich aber auch passiv behandeln und beschenken lassen.

Segensworte

Zeichen und Sprache gehören zusammen, damit die Zeichensprache eindeutig bleibt im Namen dessen, der „das Sagen hat" bei der Mehrdeutigkeit der Zeichen. Das ist Christus allein. Betende und Salbende können sich bei diesen beiden Aufgaben immer abwechseln. Es ist gut, wenn in einem größeren Segensgottesdienst diejenigen, die beten und salben, zunächst selbst vor aller Augen an ihrem Körper erleben, was sie dann an den anderen tun. Immer zwei (eine/r, der/die gebetet oder gesalbt hat, und eine/r, der/die gesalbt worden ist) gehen von dem Stuhl, an dem begonnen wird, zu den anderen Stühlen, die in der Kirche dafür bereitstehen. Die Gruppen und der anfängliche Wechsel bei dem ersten Platz werden vorher in der Gruppe der Betenden und Salbenden verabredet.

bei gesunden Menschen

Gott, Vater, Sohn und Heiliger
Geist gebe dir seinen Segen

Salbung der Stirn

Schutz und Schirm vor allem Bösen,
Hilfe und Stärke zu allem Guten,
dass du bewahrt werdest auf die
Wiederkunft Christi.

Eine Hand wird gesalbt,
dann die andere.

Amen.

Beim Amen wird über
dem/der Gesalbten
ein Kreuz geschlagen.

am Krankenbett

Die Handlung ist fast dieselbe. An Krankenbetten wird aber oft nur eine Person beten und salben. Zu diesem Beten und Salben gehört Erfahrung. Die Worte werden frei gebraucht und der Situation angepaßt. Der/die Salbende kann mit der Hand auch noch über die Schläfen und die Seiten des Halses der/des zu Salbenden streichen und dazu die Segensworte etwa so sprechen:

Gott, Vater, Sohn und Heiliger Geist segne dich.

oder nur: *Der dreieinige Gott segne dich.*

Er halte seine Hand über dich in Ängsten und Schmerzen. Er stärke und bewahre dich in allem Leid und gebe / schenke dir Geduld und Zuversicht, dass du geheilt und bewahrt werdest auf die Wiederkunft Christi. Treu ist er, der dich ruft, er wird's auch tun*.
Amen.

* nach 1 Thess 5,24

C

GEBETSGEMEINSCHAFT IM GOTTESDIENST

Bei den folgenden Beispielen geht es um Ansätze zu einer Gebetsgemeinschaft im Gemeindegottesdienst. Mehr Gottesdienstbesucher, als manche Pfarrerinnen und Pfarrer denken, sind mit den Grundformen des „freien Gebets" vertraut oder in jüngeren Jahren davon geprägt worden. Das Beten im Gottesdienst ist eine sensible Sache und will immer wieder neu durchdacht werden. Nicht eine bestimmt Form macht das Gebet mit der Gemeinde lebendig, aber lebendige Gemeinden sind in der Lage, unterschiedliche Formen zu praktizieren, auch über die Vorschläge des Evangelischen Gottesdienstbuches hinaus. Variatio delectat – Veränderung erfreut!

Es geht bei den folgenden Vorschlägen nicht um eine Übernahme der Gebetspraxis aus den Freikirchen und den Gemeinschaftsstunden, sondern um die Beteiligung vieler Gemeindemitglieder am Fürbittengebet des landeskirchlichen Gottesdienstes, ohne große Organisation und Vorübungen. Die Fürbitten sollten aber in offener Form, die die Beter gern verändern und bereichern können, vorbereitet sein, damit die Gemeinde nicht staunend wahrnimmt, dass einzelne Geübte sich des Gebets bemächtigen und kein Ende finden. Wenn sich bei dem offenen Fürbittengebet Menschen aus freikirchlicher Herkunft und Gemeinschaftskreisen besonders angesprochen fühlen, dann ist das ein zusätzlicher Grund, verschiedenartige Gebetsformen zu praktizieren.

Manchmal legt es die Zahl der Gottesdienstteilnehmer, die Sitzordnung und der Raum geradezu nahe, etwa in der Winterzeit im Gemeindesaal, auch das Fürbittengebet anders als in einer großen, viel besuchten Kirche zu praktizieren. Im Gebet können viele Stimmen laut werden. Dadurch entsteht wiederum eine besonders dichte Gemeinschaft aller Beteiligten, weil sie auch gemeinsam eine der bekannten Bitten nach jedem Einzelgebet aussprechen.

Praktisch ist es am einfachsten, wenn einer oder eine kleine Gruppe Fürbitten aufschreibt und die gemeinsam gesprochenen Worte festlegt. Die Liturgin/der Liturg teilt vor Beginn des Gottesdienstes so viel Zettel an einzelne Beter aus, wie es an dem Tage Gebetsanliegen gibt und hat die einzelnen Anliegen der Reihen nach markiert. Daraus ergibt sich unschwer und ohne Diskussion die Reihenfolge der Gebete wie von selbst. Bei diesem Gebet bleibt die Gemeinde auf ihren Plätzen sitzen. Die Gebetsanliegen werden von einzelnen Beter/inne/n mitten in der Gemeinde gesprochen. Dann bleibt stille Zeit zum Nachdenken vor Gott. Nach jedem Anliegen und der kurzen Stille fordert der Vorbeter alle zum Mitbeten auf, wenn er/sie eine feste Gebetswendung ausspricht, etwa „Wir bitten dich" und alle gemeinsam bitten „Herr, erhöre unser Gebet!".

■ Allgemeine Fürbitten vieler Einzelner

Aus der Gemeinde heraus gesprochen

AUFFORDERUNG durch L

Heute behalten wir Platz, wenn wir jetzt beten, lassen wir uns nach jeder Bitte Zeit, um über das Gehörte nachzudenken. Dann fordere ich Sie alle auf mit den Worten „wir bitten dich", gemeinsam zu sprechen: *Herr, erhöre unser Gebet!*

GEBET

Vater im Himmel, Weisheit, Stärke und Reichtum haben auf unserer Erde keinen Bestand, wenn sie nicht von dir kommen und zu dir hinführen. Darum wenden wir uns an dich.
Stille – L: Wir bitten dich. – *Herr, erhöre unser Gebet!*

Wir denken an alle, die gern in deiner Kirche leben, an die Gruppen, Kreise und Chöre, die in dieser Woche zusammenkommen. Ändere die Herzen und das Denken derjenigen, die mit dem Glauben nichts anfangen können und dir fernstehen.
Stille – L: Wir bitten dich. – *Herr, erhöre unser Gebet!*

Stärke alle, die ein Amt in deiner Kirche ausüben, ehrenamtlich oder hauptberuflich. Bewahre alle Mitarbeiter davor, unglaubwürdig zu werden. Halte uns bei deiner Wahrheit, auch wenn gerade das Ärger geben kann. Dein Wort ist die Wahrheit.
Stille – L: Wir bitten dich. – *Herr, erhöre unser Gebet!*

Nimm alles Leben in deine Obhut, das werdende und das vergehende und unser eigenes Leben. Begrenze die Unruhe in mir, bis ich Frieden finde in dir.
Stille – L: Wir bitten dich. – *Herr, erhöre unser Gebet!*

Wir machen uns Sorge um die öffentlichen Dinge, um die Unabhängigkeit der Politiker. Bewahre unser Volk vor einer Geringschätzung der Verantwortlichen und lass uns die Politiker ermutigen, die viel leisten und selbstlos ehrliche Arbeit tun.

Stille – L: Wir bitten dich. – *Herr, erhöre unser Gebet!*

Nimm auch uns in deinen Dienst, dass wir öffentliche Aufgaben und Ehrenämter übernehmen und den Menschen beistehen, die von anderen ausgenutzt werden und sich selbst nicht durchsetzen können.

Stille – L: Wir bitten dich. – *Herr, erhöre unser Gebet!*

Wir danken dir für alle Menschen, die selbstverständlich und fröhlich tun, was sie können, die für andere freiwillig sorgen und ihren Teil zum Gelingen des Lebens in unserem Land und in deiner Welt beitragen.

Stille – L: Wir bitten dich. – *Herr, erhöre unser Gebet!*

Wir vertrauen auf dich, rette und erhalte uns. Beschenke alle, die dir glauben und folgen mit deiner Güte und Gnade. Wende dich auch den Menschen zu, die wir jetzt im stillen Gebet vor dir nennen.

Angemessene Zeit der Stille

Wir legen alles, was uns freut und beschwert, in deine Hände. Wir danken dir, dass du uns so viel schenkst und soviel tragen hilfst. Dich loben und preisen wir.

Amen.

Wenn das Vaterunser folgt, wird kein Amen gesprochen. L beginnt nach einer kurzen Stille ohne Aufforderung mit den Worten „Vater unser im Himmel, ... ".

◼ Gebetswoche der Evangelischen Allianz – Schlussgottesdienst

AUFFORDERUNG durch L

Heute behalten wir Platz, wenn wir jetzt beten. Nach jeder Bitte lassen wir uns Zeit, über das Gehörte nachzudenken. Dann fordere ich Sie alle auf mit den Worten „wir bitten dich", gemeinsam zu sprechen: *Herr, erhöre unser Gebet!*

GEBET

Vater im Himmel, du hast uns mit deinem Sohn alles geschenkt. In seinem Leiden und seiner Auferstehung hast du alles offenbart. Wir danken dir, dass wir in dieser Gebetswoche dein Wort gehört haben und heute zusammen sein und dich loben können.

Stille – L: Wir bitten dich. – *Herr, erhöre unser Gebet!*

Wir danken dir für alle christlichen Gemeinden und ihre Vielfalt in unserem Land, wir danken dir für die Gemeinschaft in der Allianz und der Ökumene. Wir danken dir für alle Gemeinsamkeit in der Vielfalt.

Stille – L: Wir bitten dich. – *Herr, erhöre unser Gebet!*

Wir danken dir für die Menschen in unseren Gemeinden, die sich um Kinder und Jugendliche bemühen, die ihnen Jesus Christus als Freund und Retter vor Augen stellen und sein Wort in den Herzen der jungen Generation wertvoll werden lassen.

Stille – L: Wir bitten dich. – *Herr, erhöre unser Gebet!*

Bewahre uns aber auch vor falschen Propheten, vor geistlichen Verführern, die sich nicht nach deiner Offenbarung richten, sondern ihre eigenen Weisheiten mit frommen Worten als dein Wort ausgeben. Gib uns die Kraft zur Unterscheidung der Geister.

Stille – L: Wir bitten dich. – *Herr, erhöre unser Gebet!*

Wir bekennen dir, dass wir auch immer wieder versagt haben, in den Ämtern, die wir in unseren Gemeinschaften ausüben, ehrenamtlich oder hauptberuflich. Wir leiden darunter, dass wir oft für unglaubwürdig gehalten werden. Es ist so schwer, die Wahrheit der frohen Botschaft unter den Menschen weiterzugeben. Aber dein Wort ist die Wahrheit und die Wahrheit will keiner hören.

Stille – L: Wir bitten dich. – *Herr, erhöre unser Gebet!*

Wir machen uns angesichts deiner Wahrheit Sorgen um die Glaubwürdigkeit der Politiker, die unsere Geschicke leiten. Bewahre unser Volk vor einer allgemeinen Unzufriedenheit bei großem Reichtum. Lass uns diejenigen Politiker ermutigen, die selbstlos und ehrlich für die Allgemeinheit arbeiten und viel leisten.

Stille – L: Wir bitten dich. – *Herr, erhöre unser Gebet!*

Nimm auch uns in deinen Dienst, dass wir den Menschen beistehen, die Hilfe brauchen. Wir bitten dich um mutige Gemeindeleiter und -leiterinnen, die sich selbst von deinem Wort leiten lassen und das Wachstum des Leibes Christi in die Tiefe und in die Weite im Blick behalten.

Stille – L: Wir bitten dich. – *Herr, erhöre unser Gebet!*

Wir danken dir für alle Menschen, die selbstverständlich und fröhlich tun, was sie können, die für andere freiwillig sorgen und ihren Teil zum Gelingen des Lebens in unseren Gemeinden und damit in deiner Welt beitragen.

Stille – L: Wir bitten dich. – *Herr, erhöre unser Gebet!*

Wir vertrauen auf dich, rette und erhalte uns. Beschenke alle, die dir glauben und folgen mit deiner Güte und Gnade. Wende dich auch den Menschen zu, die wir jetzt im stillen Gebet vor dir nennen. Angemessene Zeit der

Stille – L beginnt ohne Aufforderung

Vater unser im Himmel, ...

◼ Gebete aus der Tradition – Beginn einer freien Gebetsgemeinschaft

In Gemeinden, die Erfahrungen mit Gebetsgemeinschaften und dem „Freien Gebet" haben, aber kritisch erleben, wie dabei einzelne Beter/innen ausschweifend und gleichbleibend ihre Gebetsformulierungen vortragen, kann es eine einfache Hilfe zur thematischen Konzentration, zur gedanklichen Gliederung und sprachlichen Vertiefung des Betens sein, wenn der/die Leiter/in (Liturg/in) mit einem Gebet aus der Tradition oder den Schätzen des Gesangbuches beginnt, dem Beten seinen Lauf lässt und mit dem Vaterunser abschließt. Dazu sollten vom Leiter der Gebetsgemeinschaft vor jedem Gebetsteil die Stichworte genannt werden. Die verschiedenen Beter/innen können dann frei beten oder diesen Gebetsvorschlägen folgen.

> Führe mich, o Herr, und leite / meinen Gang nach deinem Wort; / sei und bleibe du auch heute / mein Beschützer und mein Hort. / Nirgends als von dir allein / kann ich recht bewahret sein.
>
> EG 445,5

STICHWORTE

Gottes Führung
Deiner Führung vertraue ich mich an. Zeige mir, Gott, wohin mein Weg geht und wie ich an das Ziel kommen kann, das du mir gesetzt hast. Gib mir die Kraft, mich in das hineinzuhören, was du für mich geplant hast und was für mich gut ist nach deinem Willen. Dein Wille geschehe, nicht mein Wille. Amen.

Mein Gang
Du richtest mich auf und lässt mich gerade gehen. Ich darf meine Kopf erheben, weil du mir meine Schuld vergeben und meine Sorgen auf dich genommen hast. Wir singen: „O when the saints go marching in". Lass mich dabei sein, wenn die Deinen in dein Reich einziehen. Lass mich den geraden Weg finden in meinem Leben. Du nimmst uns zu dir und schenkst Leben und Seligkeit ohne Schmerzen, Leid und Streit. Amen.

Dein Wort

Dein Wort ist meines Fußes Leuchte und ein Licht auf meinem Weg. Dein Wort sagt so viel und macht mich zum Hörer. Dein Wort stellt mein Leben in ein neues Licht. Dein Wort zeigt mir Wege, die ich allein nicht finden und nicht gehen würde. Ich danke dir. Amen.

Mein Beschützer

Schutz und Weisung gehören zusammen. Du schützt uns, aber du weist uns auch den richtigen Platz im Leben an, damit keiner über sein Kräfte und Verhältnisse lebt und sich selbst zu Grunde richtet. Danke, dass du mich beschützt und davor bewahrst, dass ich mich kaputt mache. Amen.

Mein Hort

Wie ein Kind im Hort bin ich geborgen bei dir. Du sorgst dafür, dass ich versorgt bin, dass ich alles habe, was ich heute und immer zum Leben brauche. Du holst mich am Ende ab wie ein guter Vater und eine liebende Mutter. Mein Zuhause ist bei dir. Dafür danke ich dir. Amen.

Bei dir allein

Keine Vorsorge und keine Versicherung, kein Haus mit Garten und keine gute Arbeit kann meiner Seele Frieden bringen. Die Erfüllung des Lebens finde ich allein bei dir. Bitte halte mich in deiner Hand, Gott, damit ich geborgen und getrost leben kann. Amen.

Recht bewahrt

Du ersparst uns das Schwere nicht, nicht die Krankheit und das Leid, aber du führst uns durch das alles hindurch. Bei dir sind wir geborgen, still wie ein Kind, das sich an seine Mutter anlehnt oder vom Vater getragen wird. Du trägst und bewahrst uns, damit wir in dein Reich kommen und die unaussprechliche Freude erleben, die du für uns bereit hältst. Ich danke dir, Gott, dass du soviel größer bist als alles, was die Welt uns geben kann. Amen.

L beginnt Wir beten gemeinsam: *Vater unser im Himmel, …*

D

FÜRBITTEN BEI KASUALIEN

■ Bei der Konfirmation

Bei diesem Fürbittengebet im Einsegnungsteil der Liturgie ist nicht an eine Beteiligung der Konfirmand/inn/en als Beter/innen gedacht. Jugendliche und Kirchenvorsteher/innen beten für die „Konfis".

Alle Beter/innen legen ihre Texte auf den Altar

AUFFORDERUNG durch L

Erhebt euch zum Gebet und sprecht nach jedem Satz gemeinsam mit uns:
Herr, erhöre unser Gebet!

Die Beter wenden sich zum Altar

GEBET

I Gott, unser Schöpfer, wir danken dir für diesen Tag. Sei uns heute ganz nahe. Menschen sehen, was vor Augen ist, du aber siehst das Herz an. Richte deinen Blick in Liebe auf uns. Darum bitten wir:

Herr, erhöre unser Gebet!

II Wir freuen uns, dass so viele Menschen auch von weit her gekommen sind, um mit uns Konfirmation zu feiern. Halte uns mit allen verbunden, die zu uns gehören, auch mit denen, die heute nicht dabei sein können. Wir bitten dich:

Herr, erhöre unser Gebet!

I Wecke Glauben und Vertrauen zu dir in allen Menschen – besonders in unseren Konfirmanden. Lass uns ohne Scheu den Glauben bekennen und in der Welt Verantwortung übernehmen. Wir bitten dich:

Herr, erhöre unser Gebet!

II   Herr, unser Gott, lass uns bescheiden bleiben und einfach leben, die Schöpfung nicht missbrauchen und mit allem, was lebt, ehrfürchtig umgehen. Dabei bitten wir um deine Hilfe:

Herr, erhöre unser Gebet!

I   Lass und dankbar und fröhlich in deiner Welt leben, deinen Willen erkennen und das tun, was andere und uns wirklich weiter bringt. Darum bitten wir dich um Hilfe und rufen zu dir:

Herr, erhöre unser Gebet!

II   Du Gott, hast eine starke Verbindung zu uns geknüpft. Halte uns mit dir verbunden in Freude und Leid, in Höhen und Tiefen, in Ängsten und Krankheit, in aller Not des Lebens. Wir bitten dich:

Herr, erhöre unser Gebet!

L   Höre auch alles, was man nicht aussprechen kann. Verwandle jeden Tag neu unsere Sorgen in Zuversicht und unsere Lasten in leichtes Gepäck. Lass uns fröhlich leben und mit Zuversicht glauben.

Die Beter/innen und L sprechen gemeinsam: Amen.

Goldene Konfirmation

Zwei der Goldenen Konfirmand/inn/en treten neben L zum Altar und beten mit ihr/ihm

AUFFORDERUNG durch L

> Betet mit uns und sprecht nach jedem Abschnitt des Gebetes:
> *Herr, bewahre uns!*

GEBET

I Nach so vielen Jahren hast du, Gott, uns hier zusammengeführt, wo wir einst deinen Segen empfangen haben. Wir sagen dir Dank für die zurückliegenden Jahre, für alles Schöne und auch das Schwere des Lebens und rufen alle zu dir:

> *Herr, bewahre uns!*

II Entfalte den Segen, den du seit der Taufe in jede und jeden von uns hineingelegt hast. Erhalte und bewahre uns in den kommenden Jahren und lass aus den Bindungen der Freundschaft, der Familie und der Heimat Gutes wachsen nach deinem Willen. Wir rufen alle zu dir:

> *Herr, bewahre uns!*

I Gib uns die Gnade und die Kraft, geduldig zu ertragen, was wir nicht ändern können. Gib uns aber auch den Mut, das anzupacken, was sich ändern läßt und die Großzügigkeit, die Enttäuschungen des Lebens zu vergessen. Wir rufen zu dir:

> *Herr, bewahre uns!*

II Entlaste uns heute von allen drückenden Sorgen, von allem heimlichem Groll, den das Leben anhäuft. Lass uns dankbar, frei und fröhlich Ja sagen zu dir und dem Leben, wie wir hier vor 50 Jahren Ja gesagt haben im Vertrauen zu dir. Du gibst Kraft zum Leben. Wir rufen dich an:

> *Herr, bewahre uns!*

I   Bleibe uns freundlich zugewandt, du unser Gott. Lass uns gelöst und dankbar leben und mit Zuversicht in die Jahre gehen, die vor uns liegen. Lass uns stark bleiben in Zweifeln und in trüben Zeiten und treu in der Liebe zu den Menschen, die mit uns zusammen leben. Wir rufen zu dir:

Herr, bewahre uns!

L   Segne unsere ... (Name der Kirche und des Dorfes/der Stadt), den Ort unserer Konfirmation, und all die anderen Orte, an denen Goldene Konfirmanden, die mit uns feiern, einst konfirmiert worden sind. Bewahre unser Volk vor dem Abbruch der Tradition und unsere Kirche vor Beliebigkeit und Unglauben. Bewahre uns in dir, damit wir geborgen bleiben auf dieser Erde, wo immer wir sind. Darum bitten wir dich, unseren Gott, und beten in der Stille.

Angemessene, stille Zeit

Wenn kein Abendmahl gefeiert wird, beginnt L ohne Aufforderung mit dem gemeinsamen Vaterunser.

Wenn ein Abendmahl gefeiert wird:

L   Erhöre unser Gebet und bewahre uns alle.

Die Beter/innen und L sprechen gemeinsam: Amen.

Bei Trauungen – Fürbitten für uns alle

Dieser Art von Fürbitten bei Trauungen liegen folgende Gedanken zu Grunde:
Ein bis zwei Personen aus der Hochzeitsgesellschaft (z.B. Treuzeugen) treten neben die/den Pfarrer/in zum Altar und sprechen insgesamt vier bis sechs einzelne Bitten. Die/der Pfarrer/in leiten diese Fürbittengebete ein und schließen sie ab. Das Brautpaar wählt beim Traugespräch oder vorher aus dieser sprachlichen Vorlage Abschnitte aus, die ihnen etwas sagen und für sie Bedeutung haben, und schreibt eine Fürbitte (wenn möglich) selbst. Aus dieser Zusammenstellung entwickelt der/die Pfarrer/in ein Fürbittengebet, trägt die Vornamen ein und leitet dem Brautpaar für die Mitbeter die nötigen Exemplare zu. So entsteht aus Bausteinen in kurzer Zeit ein ganz individuelles Fürbittengebet im Traugottesdienst.

Die Beter/innen legen ihre Texte auf den Altar und wenden sich zur Gemeinde. Nach der Aufforderung durch P wenden sich die Beter/innen zum Altar.

AUFFORDERUNG durch P

> Betet in der Stille mit uns!
> Herr, unser Gott, wir sprechen vor dir aus, was uns heute bewegt.

EINZELNE FÜRBITTEN

> Du hast uns Menschen zuerst geliebt und unsere Liebe zueinander ist die Antwort auf das, was du – Gott – in Gang gesetzt hast.

> Wir bitten dich, dass sich die Liebe von Braut und Bräutigam auch im Alltag an deiner göttlichen Liebe orientiert.

> Du hast Geduld mit uns, lass auch uns Geduld miteinander haben. Du bist treu, lass auch uns treu bleiben und Braut und Bräutigam zuverlässige Partner füreinander sein.

> Herr, wir bitten dich für alle Menschen, die seit Jahren in der Ehe leben, dass jeder bereit bleibt, den Partner immer neu zu verstehen und das Gemeinsame zu suchen.

> Gib allen Verheirateten jeden Tag neuen Mut zur Ehe. Lass die Gespräche der Partner nicht zu Selbstgesprächen verkümmern. Schütze uns alle vor sprachloser Einsamkeit und Rechthaberei.

Lass Braut und Bräutigam nicht ohne Kinder bleiben und an der neuen Generation Freude finden. Lass sie die Mühe der Erziehung und den Verzicht aller Eltern als inneren Gewinn erfahren.

Gib allen Familien Arbeit und Auskommen und lass keinen der Ehepartner über seine Verhältnisse leben und sich auf Kosten des anderen durchsetzen.

Herr, vor dir denken wir an alle, die schon lange verheiratet sind und gern an ihren Hochzeitstag zurückdenken; und ebenso an diejenigen, die jetzt allein leben müssen und keinen Partner mehr haben.

Herr, wir denken auch an diejenigen, die es schwer haben mit ihrem Zusammenleben, die daran zweifeln, ob sie wirklich zusammen gehören. Gib ihnen Klarheit und Mut zur Selbstbesinnung.

Raum für eigene Fürbitten des Brautpaares

Herr, wir danken dir für diesen schönen Hochzeitstag von Braut und Bräutigam. Wir danken dir, dass sich unsere Liebe immer wieder an deiner Liebe orientieren und erneuern kann.

Herr, wir denken an Braut und Bräutigam, die mit allem guten Willen ihre Ehe in deinem Namen führen möchten. Sei immer mit ihnen, dass beide sich entfalten können und Achtung voreinander behalten.

Schlussgebet durch P:

Jesus Christus hat uns Mut zum Beten gemacht und so bitten wir dich, unseren Gott, um deine Nähe jetzt bei der Hochzeitsfeier und dann im Alltag und an allen Tagen des Lebens.

Beter/in gemeinsam mit P: Amen.

Silberhochzeiten –
Segenswünsche statt Fürbitten

Der Pastor/die Pastorin bildet mit den Sprecher/inn/n dieser Wünsche einen Segenskreis um das Silberpaar. Der Kreis sollte bei großen Gesellschaften nicht zu eng sein, damit alle Beteiligten sehen können, was geschieht. In großen Kirchen stehen Mikrophone beim Silberpaar. Bei kleinen Hochzeitsgesellschaften bilden alle den Segenskreis. Der Pastor/die Pastorin verteilt vierzehn Blätter mit dem gesamten Text vor dem Einzug an vierzehn Personen der Hochzeitsgesellschaft und hat jeweils einen Absatz auf dem Textblatt markiert. In dieser Reihenfolge treten die Sprecher/innen an das Silberpaar heran, halten die freie Hand über sie und sprechen ihren Segenswunsch. Der Liedvers kann auch ein oder zwei Mal mehr gesungen werden, wenn mehr Gebetsteile sinnvoll erscheinen.

HINFÜHRUNG durch P

Der unsichtbare Gott braucht unsere Hände, um seinen Segen sichtbar zu machen. Deshalb bilden wir einen Segenskreis der Freundschaft, Zuneigung und Liebe um das Silberpaar.

Das Silberpaar kniet so weit entfernt vom Altar, dass sich ein vollständiger Kreis um beide bilden kann.

Einige treten vor, halten ihre Hand über ... (Vornamen des Silberpaares) und sprechen ein Segenswort. Wir alle singen:

Herr, wir bitten: Komm und segne uns;
lege auf uns deinen Frieden.
Segnend halte Hände über uns.
Rühr uns an mit deiner Kraft.

(EG-NB 561; EG-HN 590; EG-RWL 607)

SEGENSWÜNSCHE

Gott bewahre euch in Zuneigung und Liebe, in Respekt und Treue zueinander.

Gott erhalte euch die Erinnerung an die Hoch-Zeiten des Lebens, wenn ihr an Tiefpunkten seid.

Der wunderbare Gott führe euch auf immer neuen Wegen zueinander, wenn Kräfte und Mächte im Lebenslauf euch auseinander drängen.

Er entzünde neue Liebe in euch wie im Frühling, wenn sich die Gleichmütigkeit verhangener Herbsttage ausbreitet. Der fantasiereiche Gott schenke euch Fantasie, überraschend füreinander zu bleiben. Er zeige euch, das bisher Unentdeckte und Verborgene im Anderen.

Gott gebe euch die Kraft Frieden zu halten und nicht immer Recht zu haben. Er schenke euch das Lachen, um in müden Zeiten Schwung zu bewahren.

Der unsichtbare Gott erhalte euch bei aller Nähe der Liebe die Achtung voreinander und den nötigen Abstand, damit ihr euch immer ein lebendiges Geheimnis bleibt.

Herr, wir bitten: Komm und segne uns ...

Der Gott der Geduld und des Friedens gebe einem von euch immer so viel von seiner Geduld, dass einer Frieden hält, wenn der andere unbesonnen handelt.

Gott erfülle euch mit der Weisheit, das Wichtige vom Unwichtigen zu unterscheiden.

Gott schenke euch die Klugheit, den richtigen Zeitpunkt für ein freundliches und helfendes Wort zu erkennen.

Der Gott der Liebe schenke euch die Kraft und die Größe, einander zu verzeihen, wenn ihr schuldig geworden seid.

Gott hüte euch vor dem Irrglauben, dass wir Menschen alles haben und alles machen könnten.

Gott gebe euch die Gelassenheit Schwieriges zu ertragen und schenke euch den Segen, der aus der Geduld erwächst.

Er bewahre euch vor allem offene Sinne für die Zeichen des Glücks, dass ihr Zärtlichkeit füreinander bewahrt bis ans Ende.

Schlussworte durch P:

So segne nun der Höchste und Ewige euren gemeinsamen Weg, damit einer den anderen am Ende in den Himmel bringe. Amen.

Herr, wir bitten: Komm und segne uns ...

■ Trauergottesdienst

Durch das Zugehen der Pfarrerin/des Pfarrers auf die Menschen, durch das Beten dicht am Sarg und nicht am Pult entsteht eine Gebetsatmosphäre, die bei einer verständlichen und schlichten Sprechweise die Trauergemeinde das „Herr, erbarme dich" mitsprechen lässt.
Wenn ein Chor beteiligt ist oder die Angehörigen zu den Kirchgängern gehören, kann statt des „Herr, erbarme dich" auch ein passendes Kyrie gesungen werden.

P tritt zum Sarg, dicht bei den Trauernden

AUFFORDERUNG durch P

In Ihre Mitte bin ich gekommen, um mit Ihnen zu beten. Nach jedem Abschnitt des Gebetes sprechen wir gemeinsam:
Herr, erbarme dich!

GEBET

Herr, vor dir gedenken wir unserer entschlafenen Schwester/ unseres entschlafenen Bruders in Christus … (Vorname und Name) und rufen alle zu dir:

Herr, erbarme dich!

Wir bitten dich:
Bewahre ihr/sein Gedächtins unter uns und lass es zum Segen werden. Nimm sie/ihn auf in dein Reich, in dem nun kein Schmerz und kein Leid mehr ist. Vollende das, was zu ihren/seinen Lebzeiten unvollendet geblieben ist (durch ihren/seinen plötzlichen Tod unvollendet bleiben musste). Wir rufen zu dir:

Herr, erbarme dich!

Wir bitten dich:
Lass ihren Ehemann/seine Ehefrau – ihre/seine Kinder, Verwandten und Freunde Trost im Glauben finden und Hoffnung schöpfen für den Alltag des Lebens. Lass sie im Leid stark und tapfer sein im Blick auf das Kreuz deines Sohnes.

Gib Kraft, um all das Ungewohnte zu bewältigen, was auf sie zukommt. (Schlage du eine Brücke des Gebetes zu denen, die jetzt von Ferne an uns denken und nicht hier sein können.) Wir rufen zu dir:

Herr, erbarme dich!

Wir bitten dich:
Lass alle, die der/dem Verstorbenen Gutes getan (sie/ihn besucht und gepflegt) haben, deine göttliche Liebe erfahren. Ermutige Nachbarn zur Hilfe, wenn es so still wird im Haus/in der Wohnung. Begleite uns, wenn wir auch künftig schwere Wege gehen müssen. Wir rufen zu dir:

Herr, erbarme dich!

Wir denken vor dir an unser eigenes Sterben. Steh denen zur Seite, die als Nächste von uns genommen werden. Lass uns alle das Leben getrost führen, auch wenn unsere Zeit endlich und unser Leben begrenzt ist.

Lass uns über den Gräbern vergessen und vergeben, was uns belastet und getrennt hat und miteinander ein vesöhntes Leben führen. Wir rufen zu dir:

Herr, erbarme dich!

Möglichkeiten des Gebetsschlusses:

Lass jeden Einzelnen von uns zu einem lebendigen Glauben finden und erlöse uns aus allem Unglauben und Zweifel dieser Welt. Darum bitten wir um Christi willen. Amen.

oder:

Allmächtiger, ewiger Gott, du bist der Herr über das Leben und Sterben, du hast Erbarmen mit denen, die zu dir rufen. Schenke uns allen deinen Frieden, Vergebung der Sünden und ewiges Leben bei dir. Amen.

◼ Trauergottesdienst – Einzelgebet

Namen, Zahl der Lebensjahre, besondere Aussagen eintragen.

P tritt zum Sarg und fordert die Gemeinde zum Gebet auf:

Betet in der Stille mit mir!

danach wendet sich P zum Sarg

GEBET

Als sterbliche Menschen wenden wir uns in unserem Schmerz zu dir, du unsterblicher Gott, du Vater und Tröster.

Nimm unsere Schwester/unseren Bruder … auf in dein Reich und tröste alle, die um sie/ihn Leid tragen, mit deinem Wort des Lebens und deiner Nähe in schweren Stunden.

Wir danken dir für ihr/sein ganzes Leben, du großer Gott, für alles Schwere und Schöne, für alles Offenkundige und Verborgene. Du hast viel Gutes durch sie/ihn bewirkt in der Familie, in der (langen) Zeit ihrer/seiner Berufstätigkeit (als …) durch die Übernahme all der ehrenamtlichen Aufgaben (in/als …).

Wir danken dir für ihre/seine Gaben und Tatkraft, für ihren/seinen Mut und ihre Energie. Wir danken dir und preisen dich für all die Liebe und Güte, die nahestehende und ferne Menschen durch … erfahren haben.

Bei allem Schmerz preisen wir dich, du unsichtbarer und verborgener Gott, dass du ihr/ihm so viele gute Gaben in die Wiege gelegt und in der Taufe die Kraft gegeben hast, das alles in ... Jahren zu entfalten. Wir danken dir für ihre/seine Ausstrahlung und Wärme, für alles Lachen und die fröhlichen Stunden. Du hast sie/ihn auch durch schwere Zeiten hindurch getragen und wieder aufgerichtet, wenn sie/er niedergeschlagen war.

Du gerechter und gnädiger Gott, wir bitten dich, vergib ihr/ihm, was sie/er unterlassen hat und wo sie/er schuldig geworden ist. Vollende du selbst, was zu Lebzeiten unvollendet geblieben ist. Geleite sie/ihn durch deinen heiligen Engel in dein himmlisches Reich und lass sie/ihn ewiges Leben finden in Frieden und Seligkeit nach deiner Verheißung.

Darum bitten wir dich, du dreieiniger Gott, Vater, Sohn und Heiliger Geist. Amen.

Stichworte

Stichworte zum Kirchenjahr mit den Festtagen sind hier nur in Ausnahmefällen zu finden. Das „Thema Auferstehung" gehört natürlich zu den Ostergebeten, „Geburt" und „Armut" zu den Weihnachtsgebeten. Unter den folgenden Stichworten sind seltenere Verknüpfungen genannt.